Fútbol:
ATRAER PARA PASAR

Concepto y 50 tareas para su entrenamiento

Manuel Jesús Crespo García

Título: FÚTBOL: ATRAER PARA PASAR. CONCEPTO Y 50 TAREAS PARA SU ENTRENAMIENTO
Autor: MANUEL JESÚS CRESPO GARCÍA
Corrección del texto: MANUELA CASTILLO SOLER

Editorial: WANCEULEN EDITORIAL
Sello Editorial: WANCEULEN EDITORIAL DEPORTIVA

ISBN (Papel): 978-84-18262-79-1
ISBN (Ebook): 978-84-18262-80-7

DEPÓSITO LEGAL: SE 1079 -2020

Impreso en España. 2020

WANCEULEN S.L.
C/ Cristo del Desamparo y Abandono, 56 - 41006 Sevilla
Dirección web: www.wanceuleneditorial.com y www.wanceulen.com
Email: info@wanceuleneditorial.com

ÍNDICE

INTRODUCCIÓN

En la iniciación al mundo del entrenamiento es muy usual intentar encontrar una receta o una fórmula que resuelva nuestras necesidades y que cubra las posibles lagunas que tengamos en nuestro conocimiento o en nuestra capacidad.

La complejidad y diversidad del juego hacen que haya que tener un conocimiento del mismo para su enseñanza y para su aprendizaje en algunos casos.

El fútbol está evolucionando y van apareciendo nuevos conceptos con diversidad de interpretaciones atendiendo a las distintas corrientes a las que seamos más afines. No obstante, creo que todo se puede adaptar y se le puede sacar rendimiento siempre que tenga una buena argumentación y no nos dejemos atraer por dogmas.

Este libro con tareas no pretende ser una respuesta matemática a las necesidades que pueda tener un entrenador para encontrar soluciones a los problemas que se le planteen. La intención es poder manejar recursos, adaptarlos a nuestra realidad de entrenamientos y que puedan introducirnos y orientarnos a conseguir en el entrenamiento los objetivos pretendidos.

He reducido el uso de material para simplificar y poder llegar a cualquier nivel de recursos y que puedan ser llevadas a cabo en cualquier realidad, sin necesidad de unos materiales que dificulten su realización.

Existen distintos tipos de tareas para la mejora del dominio colectivo de cualquier medio que queramos que nuestro equipo maneje durante el desarrollo de los partidos. Atendiendo a la metodología empleada, la duración, los espacios, el número de jugadores... pueden variar para satisfacer nuestro modelo de juego.

A continuación, desarrollaré distintas tareas desde las más simples a las de mayor complejidad para poder trabajar el concepto de la presión tras pérdida y que puedan formar parte de distintos modelos de juego ya que, atendiendo a las pretensiones de cada entrenador y a la metodología a emplear, cada uno debe introducirlas donde considere oportuno. Estas tareas carecen de un contexto y de una estrategia operativa, para los cuales necesitarán adaptación por parte del entrenador a todas las variables que crea que pueden tener incidencia en el desarrollo del juego de su equipo y a las características del mismo.

Todas las tareas propuestas carecerán de un contexto propio, del rival, la competición y la situación para el desarrollo de la estrategia operativa y el modelo de juego.

Castellano y Casamichana (2016) proponen este cuadro para la clasificación de las tareas según los metros cuadrados por jugador y a las demandas a las que serán exigidas los jugadores:

m² / jugador	1<2	3<4	5<7	8<10
<50	Fuerza		Recuperación	
<100				
<200	Frecuencia cardíaca		Velocidad	
>200				

En este libro se indicarán el número de jugadores y la división y distribución de los espacios. No obstante, para que la tarea se adapte a cada equipo, estado físico de los jugadores, modelo de juego y metodología, cada entrenador la deberá adaptar en cuanto a metros las distancias, los espacios e incluso en número de jugadores en algunos casos para tener un mejor desarrollo con su equipo.

Las tareas no tendrán límites de toques, contactos o golpeos para conseguir nuestro objetivo, ya que habrá jugadores que necesiten o decidan utilizar un número mayor por necesidades del juego, por condiciones técnicas o por condicionantes físicos de desarrollo. No obstante, al ser tareas abiertas, el entrenador podrá condicionarlas si lo cree necesario u oportuno para conseguir los beneficios pretendidos conociendo la realidad a la que las va a exponer.

CONCEPTO DE **ATRAER PARA PASAR** EL BALÓN EN FÚTBOL

No hay más que ver un partido de tenis para saber el poder hipnótico que tiene una pelota en cualquier deporte. En fútbol existen particularidades que lo hacen más singular y es que existen 22 participantes en el juego y que solo uno de ellos tiene el balón mientras que los demás miran a ver dónde va. El balón puede estar en posesión de un equipo y el otro va tras ella, puede que esté en el aire, la disputen 2 jugadores y los otros 20 estarán atentos a ver dónde "cae" tras la disputa... Todas estas acciones que se dan en los partidos, hacen que el juego gire en torno al balón.

Hay que tener menos distancia con el rival si está el balón cerca, si el balón viene hacia nosotros hay que acomodar el cuerpo para controlarlo o para cambiar su trayectoria, hay que anticipar dónde va a botar para controlarlo... El balón tiene un gran poder de seducción para los jugadores (y el espectador) y condiciona la actitud de los jugadores.

Los medios o recursos técnico-tácticos que pueda usar un equipo van a estar estrechamente ligados al balón. Los equipos, sean de la índole que sean o usen el estilo que usen, siempre tomarán ciertas actitudes hacia el balón que serán las que los definan.

El principal objetivo de los entrenadores es intentar que en el partido pase lo que queramos que pase y que el rival se "someta" a nuestro juego, bien llevando la iniciativa o dejándolo avanzar para luego poder aprovechar los espacios dejados a su espalda.

Dice Pedro Gómez (2014): *Cuando hablamos de la fase ofensiva en el fútbol hablamos de la fase en que el equipo tiene el balón y realiza todas las acciones para:*

- *Mantener el balón y no perderlo.*
- *Avanzar hacia la portería contraria (con el balón).*
- *Marcar gol (meter el balón en la portería).*

Cuando hablamos de fase defensiva, en la que no tenemos el balón, podemos decir que intentamos:

- *Quitar el balón al contrario.*
- *Evitar que avance hacia nuestra portería (con el balón).*
- *Evitar el gol (que no entre el balón en la portería).*

El juego de posición consiste en atraer al contrario, mediante el mantenimiento de la posesión del balón, para después encontrar jugadores más adelantados, liberando de la presión a las primeras líneas de jugadores e ir avanzando hacia la portería contraria, todo esto generando espacios libres, ocupándolos y llegando en situaciones de superioridad a zonas de finalización.

Para el uso de esta tendencia, estrategia para afrontar los partidos, modelo de juego o concepción del mismo, el concepto de atraer para pasar se hace fundamental para su desarrollo, la construcción del juego y para la consecución de sus objetivos.

En el libro *Senda de Campeones* de Martí Perarnau, Xavi explica lo que para él es el concepto de "el hombre libre" y deja entrever cómo una de las formas de encontrarlo es atraer contrarios, para liberar compañeros y pasar el balón:

> *Buscar el hombre libre es, por ejemplo, que los centrales tengan el balón y uno de ellos siempre quede libre porque siempre tienes un defensa más que delanteros contrarios. En ese caso, Puyol sube, sube y sube hasta que le sale al paso un rival. Si quien le intenta frenar es mi marcador, entonces el hombre libre paso a ser yo. Si le sale al paso le marcador de Iniesta, Andrés es el hombre libre. Y así buscamos la superioridad en cualquier zona del campo. Haces un tres contra dos, lo ganas y ya tienes el hombre libre. Avanzamos posiciones.*

Atraer jugadores para pasar el balón forma parte del desarrollo del juego de posición para progresar en el juego. No obstante, también es una forma de mantener la posesión ante una situación adversa de "sentirse presionado", aunque no se progrese en el juego. Existen diversas formas de llevar a cabo este concepto o idea dentro del juego:

- **Conducir para atraer.** Llevar el balón hacia un contrario que está con un compañero, para captar su atención, poder liberarlo de la marca y pasarle el balón.

- **Pasar para atraer.** Pasar el balón con un compañero para inducir a que el rival abandone su posición y libere a un compañero.

- **Alejar el balón** para pasar. Provocar que el rival venga llevando el balón lejos de su alcance.

- **Acumular para pasar.** Acumular jugadores en una zona y sostener el balón en la misma para que cuando lleguen cambiarlo de zona.

- **Parar el balón para pasar.** Provocar que el rival venga deteniéndome para que libere a un compañero.

- **Dividir rivales.** Crear incertidumbre en los rivales para generar descompensaciones en los marcajes ocupando pasillos interiores y pasar.

- **Ocupar posiciones intermedias.** Jugar entre líneas y escalonados para que se desequilibren las defensas rivales, abandonen sus posiciones y pasar a jugadores más adelantados.

- **Superioridades numéricas.** Provocar situaciones momentáneas de superioridad numérica para liberar jugadores de marca cuando sean atraídos sus rivales directos y pasarles el balón.

- **Fijar contrarios.** Llamar la atención por posición o por actitudes de uno o varios contrarios de manera que tengan que centrar su interés y actuaciones, no puedan atender a las evoluciones de los compañeros y poder pasar el balón a los que queden libres.

El balón tiene un nivel de seducción que no está al alcance de ningún otro elemento. El balón es el centro del juego. A pesar de que muchos creamos que el jugador es la parte más importante del juego, el jugador es la parte más importante del entrenamiento, el balón le sobrepasa atrayendo las miradas de todos los participantes, condicionando todas sus decisiones y movimientos e incluso es un canal de comunicación y un "transportador de emociones".

Los estímulos e indicadores para poner en marcha el concepto de atraer para pasar serán estímulos e indicadores propios del juego para identificar con claridad el momento de poder llevarlo a cabo. Realizar el pase o la atracción de jugadores después de un estímulo auditivo (voz del entrenador, silbato...) o cualquier otro que no tenga que ver con lo que pueda pasar en un partido (mostrar un color, aviso del entrenador o de un compañero,...) nos ayudará a mejorar la velocidad de reacción, pero no la específica del medio o principio de atraer para pasar; con lo cual, los utilizados tendrán transferencia al juego y podrán ser adaptados por el entrenador atendiendo a la realidad a la que los vaya a exponer.

SIMBOLOGÍA

Jugadores/as Equipo A	
Jugadores/as Equipo B	
Jugadores/as Equipo C	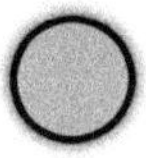
Desplazamiento sin balón	
Control orientado	
Desplazamiento del balón	
Conducción del balón	
Desplazamiento del balón por alto	
Tiro a puerta	
Balón	

ATRAER PARA PASAR
EN FÚTBOL

50

TAREAS PARA SU
ENTRENAMIENTO

Tarea N° 1	Objetivo Principal	Mejora del concepto de atraer para pasar
	Jugadores	4 (2x1+P)

Explicación

El jugador que está fuera del rectángulo tiene que atravesar el rectángulo para hacer gol. En el rectángulo hay un compañero y un rival esperando y tendrá que atraerlo para pasar al compañero, finalizar la jugada y hacer gol.

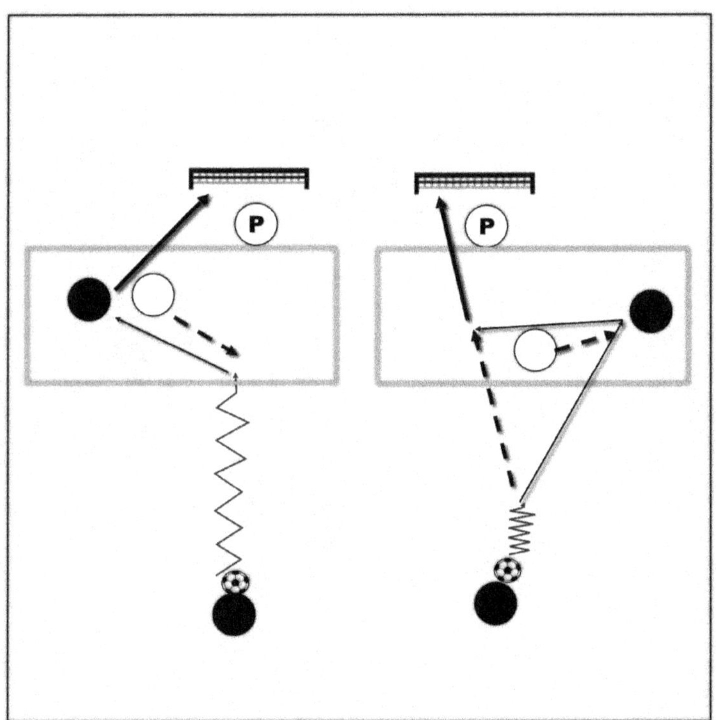

Tarea Nº 2	Objetivo Principal	Mejora del concepto de atraer para pasar
	Jugadores	8

Explicación

Los jugadores distribuidos como en la imagen. Los dos jugadores del centro tienen el balón para atraer a los 2 jugadores rivales que irán a presionarles. Cuando vayan a la presión podrán jugar con uno de los compañeros de las esquinas para atacar una de las porterías.

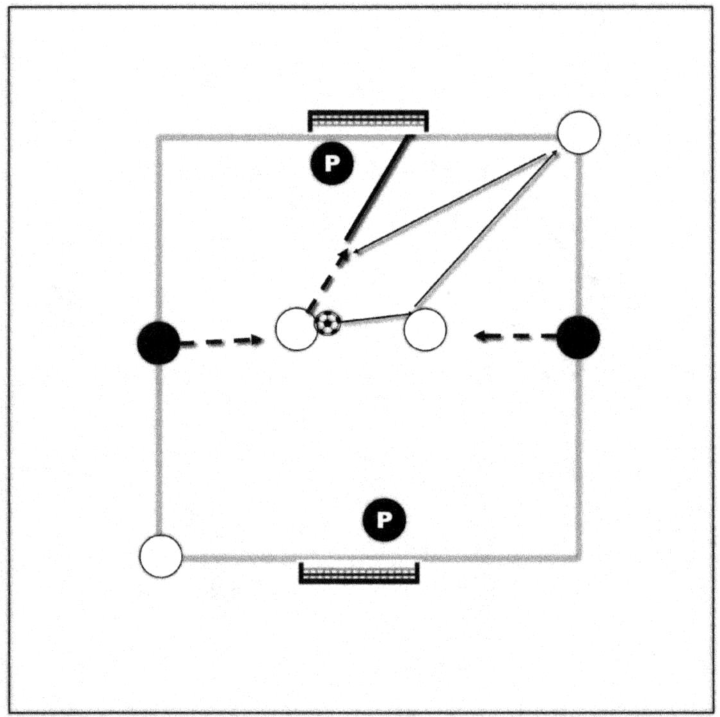

Tarea Nº 3	Objetivo Principal	Mejora del concepto de atraer para pasar
	Jugadores	7

Explicación

Los jugadores distribuidos como en la imagen. El jugador del centro tiene el balón e intenta atraer a los 2 jugadores rivales que irán a presionarle. Cuando vayan a la presión podrá jugar con uno de los compañeros de las esquinas para atacar una de las porterías.

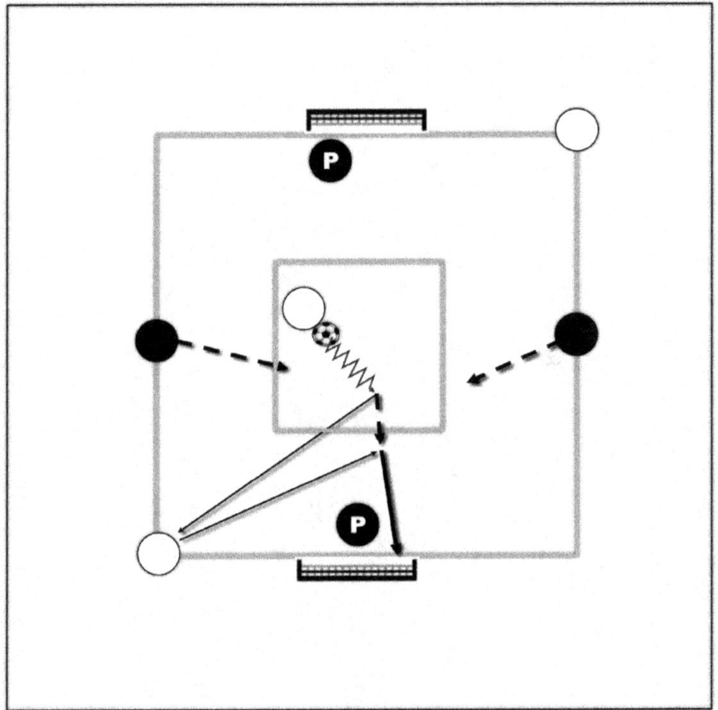

Tarea Nº 4	Objetivo Principal	Mejora del concepto de atraer para pasar
	Jugadores	6 (1+2x2+P)

Explicación

Los jugadores distribuidos como en la imagen. El jugador del centro pasará con el más alejado de la portería y cuando los jugadores del otro quipo entren a presionar pasarán al compañero cercano a la portería (que se desmarcará) para atacar.

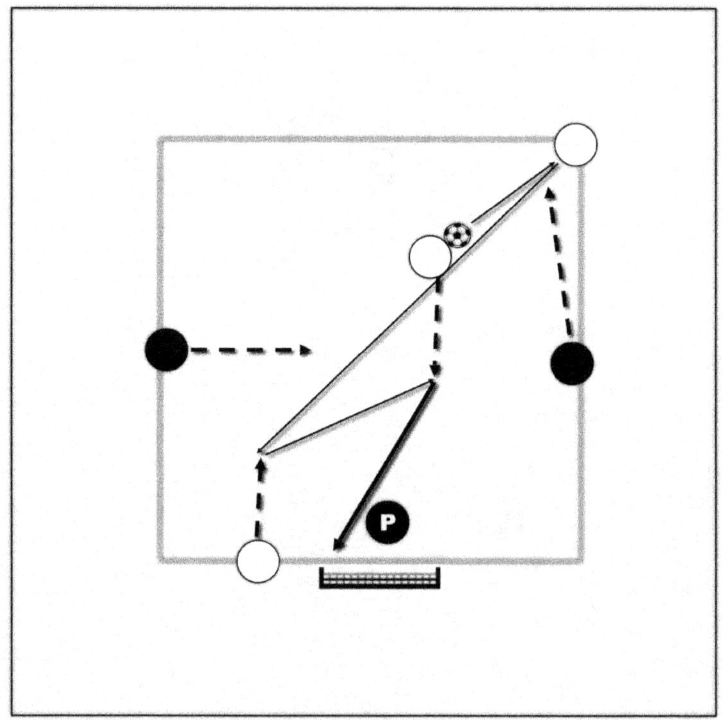

Tarea N° 5	Objetivo Principal	Mejora del concepto de atraer para pasar
	Jugadores	6 (1+2x2+P)

Explicación

Los jugadores distribuidos como en la imagen. Los 2 jugadores más alejados de la portería se pasarán el balón y cuando los jugadores del otro quipo entren a presionar pasarán al compañero que se desmarcará para atacar.

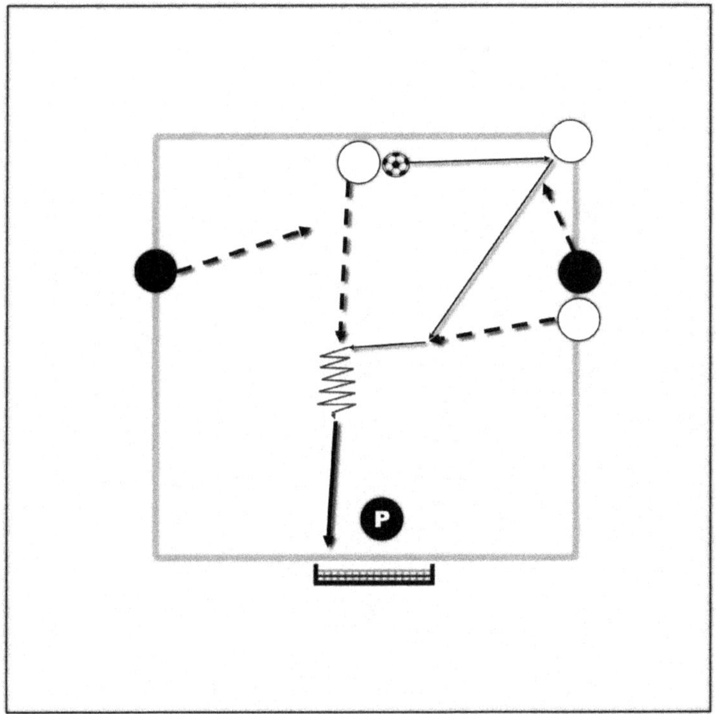

Tarea Nº 6	Objetivo Principal	Mejora del concepto de atraer para pasar
	Jugadores	5 (2x3)
Explicación		

Los jugadores situados como en la imagen se pasarán el balón entre ellos, en el centro un jugador intentará interceptar el pase pudiendo moverse de manera lateral en el pasillo y otro por detrás de cada uno de ellos entrará para presionar cuando reciban (cuando no esté el balón en el cuadrado estarán fuera) y el equipo que tiene balón no podrá pasar hasta que no entren a presionar en el cuadrado.

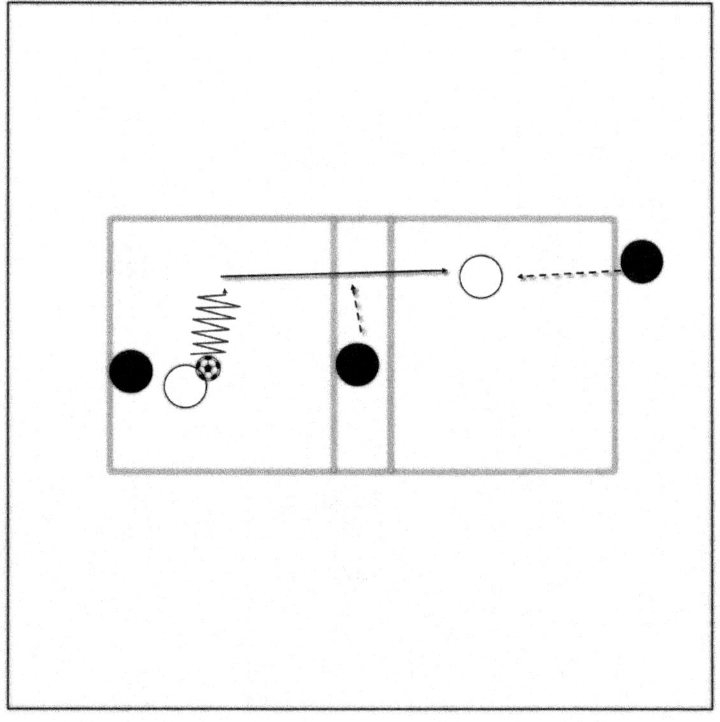

Tarea N° 7	Objetivo Principal	Mejora del concepto de atraer para pasar
	Jugadores	7 (4x3)

Explicación

Los jugadores situados como en la imagen se pasarán el balón entre ellos, en el centro un jugador entrará a presionar, cuando lo haga pasarán al hombre libre de la otra zona para seguir manteniendo el balón.

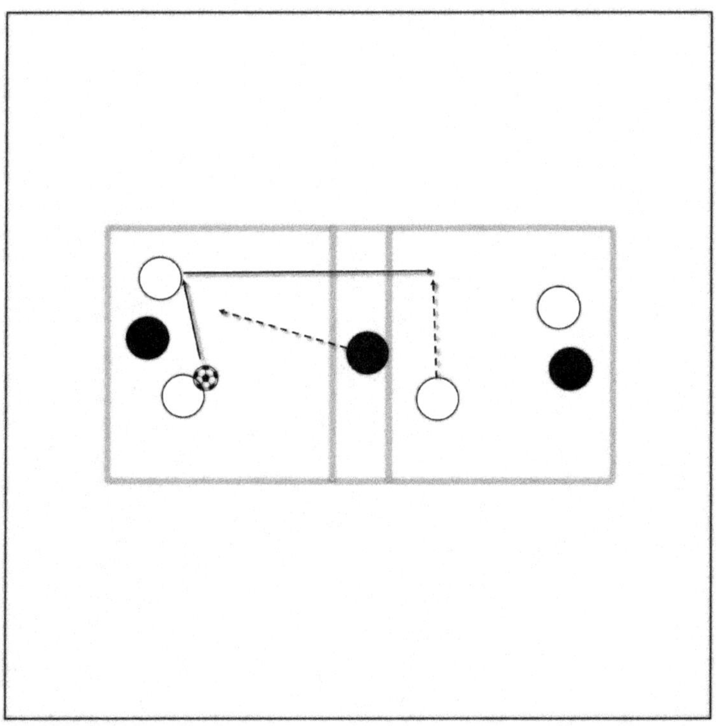

Tarea Nº 8	Objetivo Principal	Mejora del concepto de atraer para pasar
	Jugadores	6 (2+2x2)

Explicación

Los jugadores situados como en la imagen se pasarán el balón entre ellos, en el centro los jugadores irán a presionar pero sólo pueden hacerlo a una de las zonas. Los jugadores con balón cuando atraigan al rival pasarán al otro cuadrado el balón.

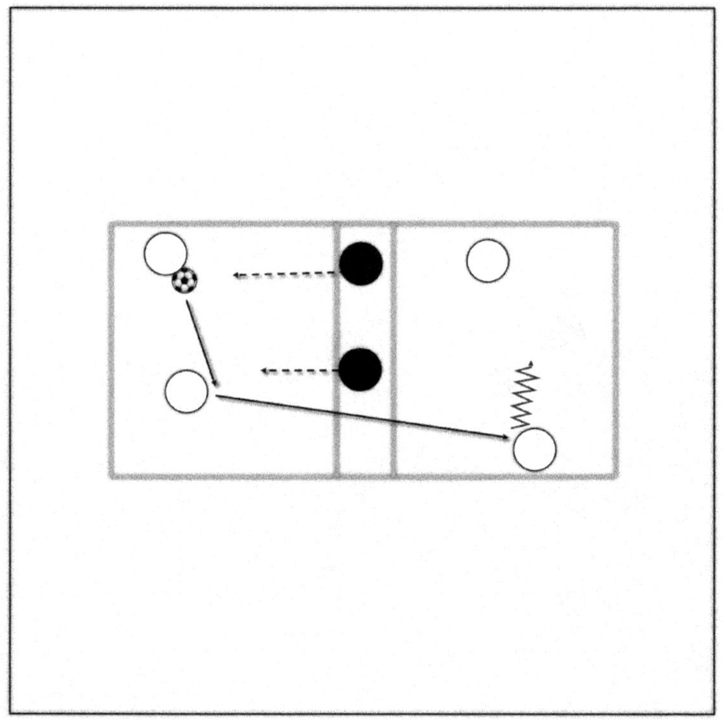

Tarea N° 9	Objetivo Principal	Mejora del concepto de atraer para pasar
	Jugadores	10 (1+4x4+1)

Explicación

En un cuadrado dividido en dos partes un equipo tiene el balón en una mitad y el otro equipo intentará recuperar con 4 jugadores presionando y uno interceptando pases en la línea divisoria. Cuando el equipo poseedor haya atraído a todos los jugadores del equipo rival pasará al compañero que estaba en la otra mitad, el jugador que le pasó el balón se quedará donde partió y los demás jugadores irán a la otra mitad a atraer al rival, menos a uno (del rival) que quedará interceptando en la línea divisoria. Si un equipo recupera cambiarán los roles.

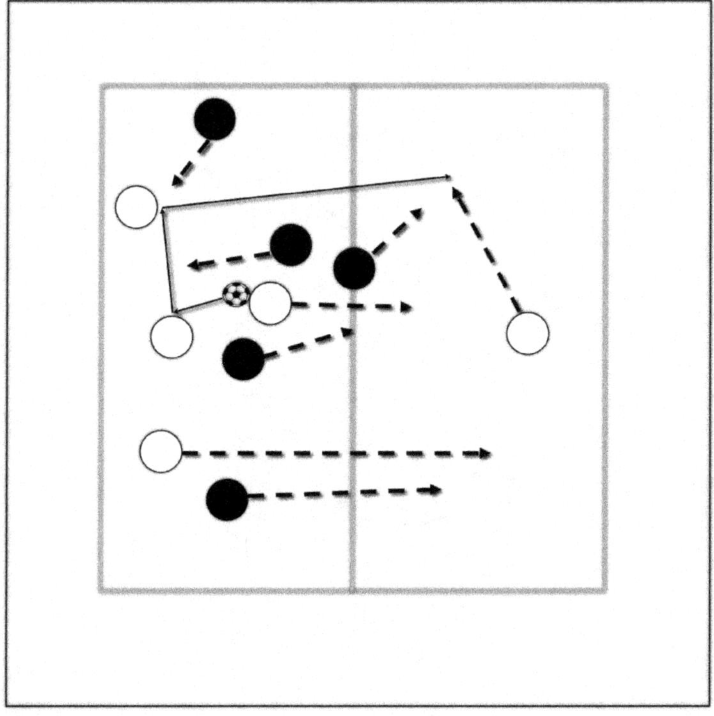

Tarea N° 10	Objetivo Principal	Mejora del concepto de atraer para pasar
	Jugadores	9 (4x4+C)

Explicación

En un cuadrado dividido en dos partes y con los jugadores distribuidos como en la imagen. Un equipo tiene que mantener el balón e ir atrayendo a los rivales para cambiar el espacio donde se juega. El comodín participará con el equipo que tiene balón, que siempre dejará a un jugador en la mitad donde no se está jugando para jugar con él y cambiar el espacio de juego. Si un equipo roba, cambiarán los roles.

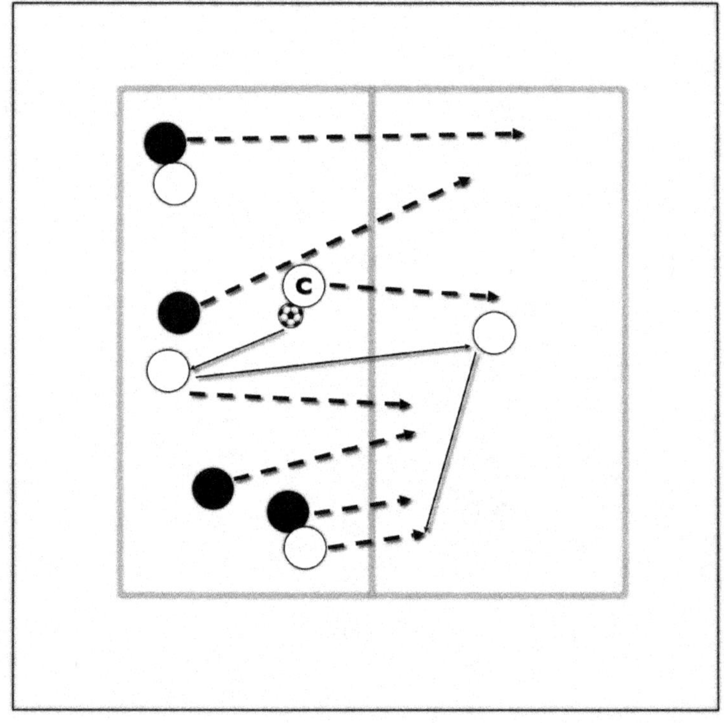

Tarea N° 11	Objetivo Principal	Mejora del concepto de atraer para pasar
	Jugadores	8 (4x4)

Explicación

En un cuadrado dividido en dos partes un equipo tiene que mantener el balón atrayendo a los jugadores rivales de una mitad a otra. Cuando consigan que el equipo contrario se meta en la mitad de campo donde está el balón, pasarán al compañero que está en la otra mitad y será presionado por un rival que está fuera. Los jugadores irán hacia esa mitad, quedando el jugador que pasó esperando que vuelvan y un rival por fuera para presionarle cuando reciba. Si recupera el otro equipo cambian los roles.

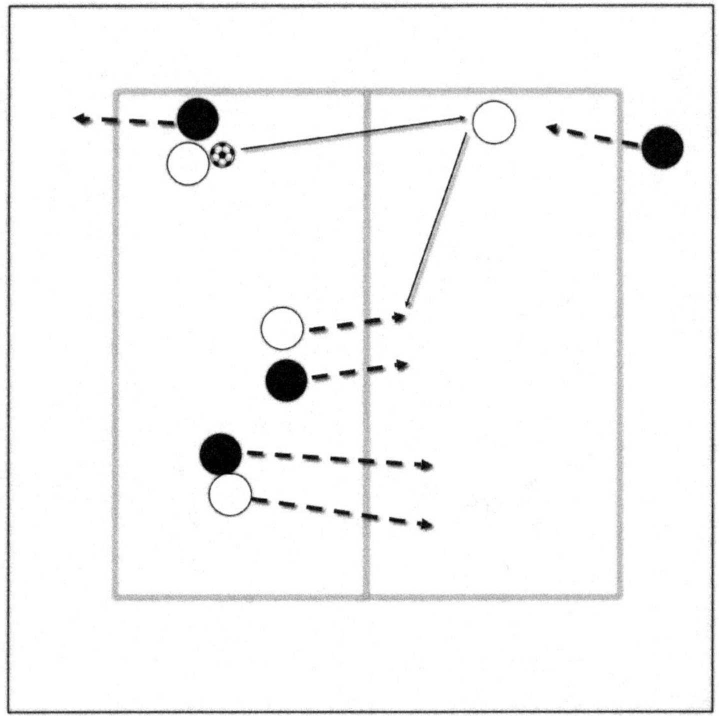

Tarea N° 12	Objetivo Principal	Mejora del concepto de atraer para pasar
	Jugadores	9 (1+C+3x3+1)

Explicación

En un cuadrado dividido en dos triángulos (como en la imagen). El equipo poseedor atraerá al contrario a uno de los triángulos y cuando lo haga jugará con el jugador que dejó en el otro, que será presionado por el jugador del equipo contrario que estaba fuera. Cuando cambien de triángulo el equipo poseedor dejará a un jugador en el otro triángulo para recibir y el que no tiene balón a un jugador fuera. El comodín no podrá cambiar el balón de triángulo. Si el rival recupera cambian los roles.

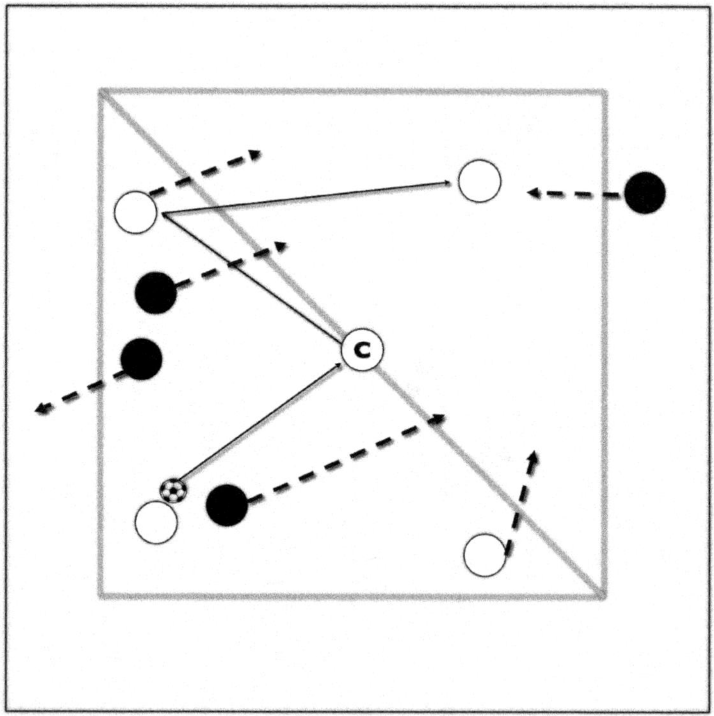

Tarea Nº 13	Objetivo Principal	Mejora del concepto de atraer para pasar
	Jugadores	12 (8x4)

Explicación

Los equipos situados como en la imagen. El equipo negro tiene el balón cuando sean igualdad numérica dentro de su cuadrado jugarán con los compañeros de otro cuadrado para seguir manteniendo el balón.

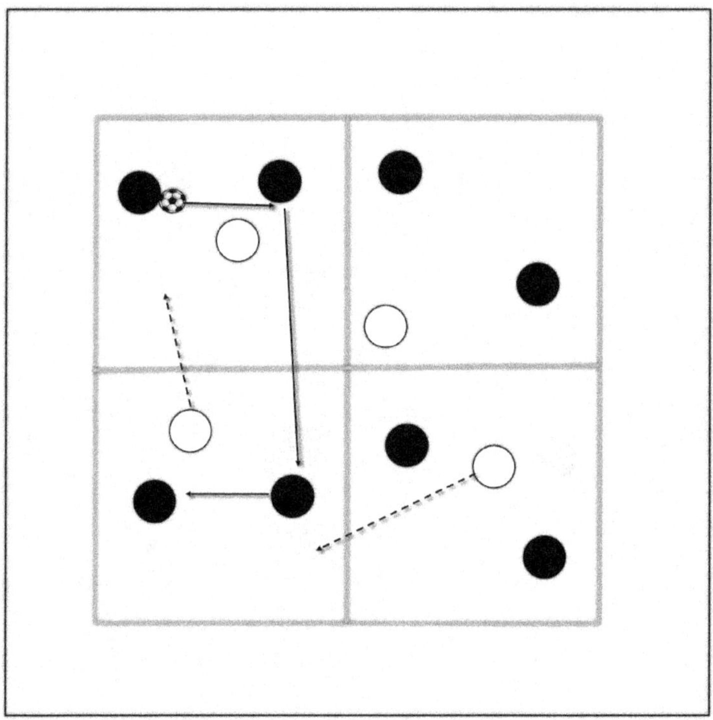

Tarea N° 14	Objetivo Principal	Mejora del concepto de atraer para pasar
	Jugadores	11 (7x4)

Explicación

Los equipos situados como en la imagen. El equipo blanco situado sobre las líneas divisorias y el equipo negro con libertad para moverse por donde quieran intentará atraerlos a los cuadrados para pasar el balón a otras zonas. Los jugadores del equipo blanco tendrán que presionar desde las líneas y coordinados.

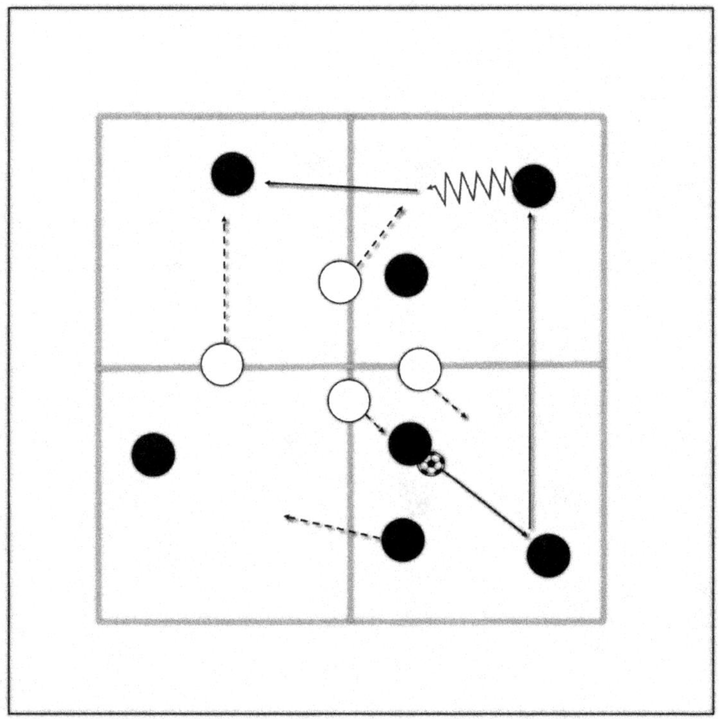

Tarea N° 15	Objetivo Principal	Mejora del concepto de atraer para pasar
	Jugadores	10 (4x4+2)

Explicación

Los equipos situados como en la imagen. El equipo negro tiene el balón apoyados por los comodines y sin salir de su zona. cuando sean igualdad numérica dentro de su cuadrado jugarán con los compañeros de otro cuadrado o con un comodín para seguir manteniendo el balón. Los comodines tendrán libertad de movimientos y los equipos cambiarán el rol si recupera el rival el balón.

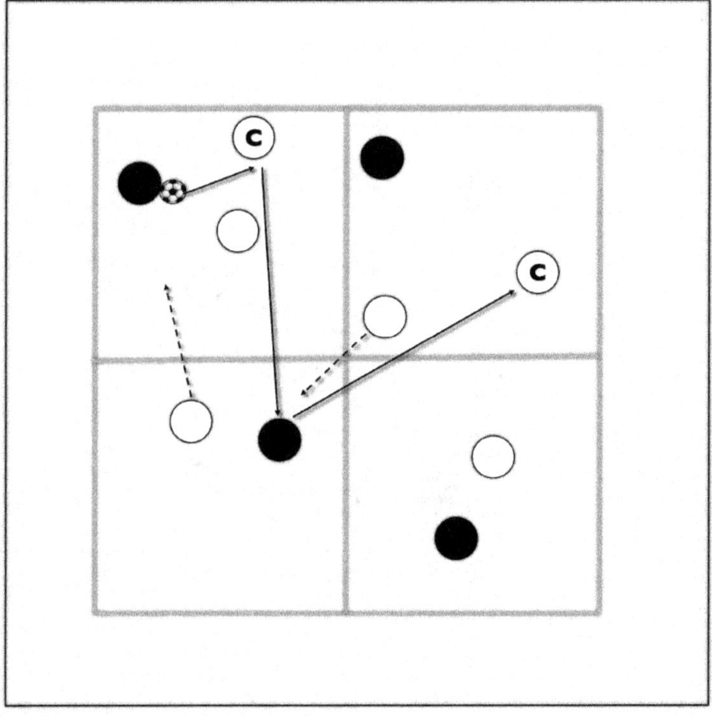

Tarea N° 16	Objetivo Principal	Mejora del concepto atraer para pasar
	Jugadores	9 (4x4+C)

Explicación

Los jugadores distribuidos como en la imagen. Los jugadores del equipo blanco podrán presionar y tendrán libertad de movimientos hasta que recuperen. Los jugadores del equipo negro cada uno en un cuadrado no podrán salir y apoyados por el comodín mantendrán la posesión del balón buscando a los jugadores libre cuando atraigan a los rivales. Cuando pierdan el balón cambiarán los roles.

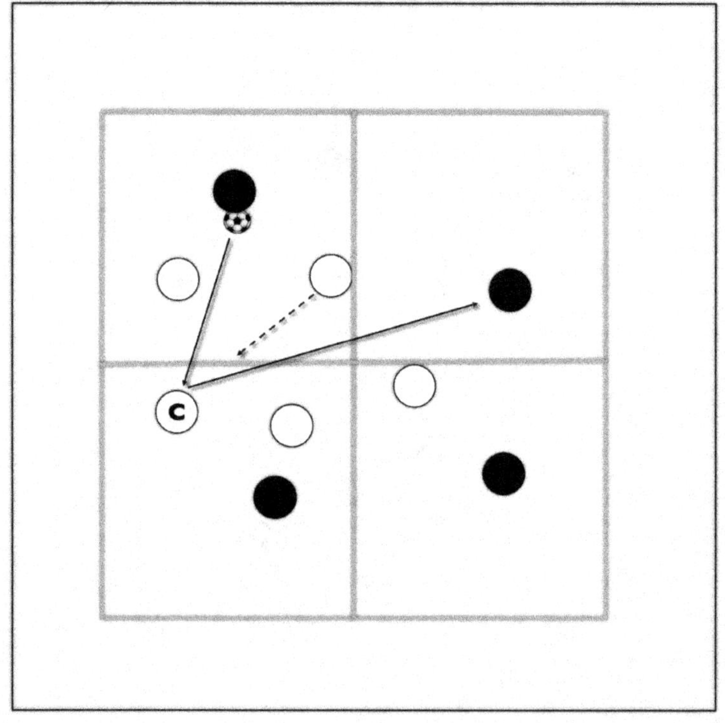

Tarea Nº 17	Objetivo Principal	Mejora del concepto de atraer para pasar
	Jugadores	7 (4x3)
Explicación		

Los equipos situados como en la imagen. El equipo negro tiene el balón y el jugador blanco que le vaya a la presión del cuadrado, liberará a un jugador del equipo negro y podrá jugar con él.

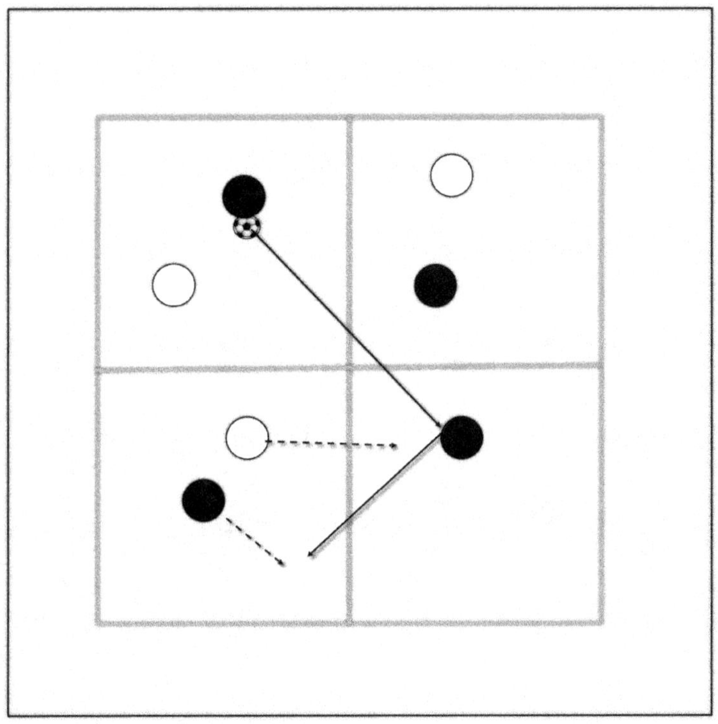

Tarea N° 18	Objetivo Principal	Mejora del concepto de atraer para pasar
	Jugadores	10 (5x5)

Explicación

Los equipos situados como en la imagen. El equipo negro tiene el balón y alternará el cuadrado interior con el exterior según donde esté el equipo contrario. Si consigue meterlos a todos en el cuadrado mayor se meterá en el menor y cuando los tenga dentro se llevará el balón al grande para atraerlos de nuevo. Si el equipo blanco roba cambian el rol.

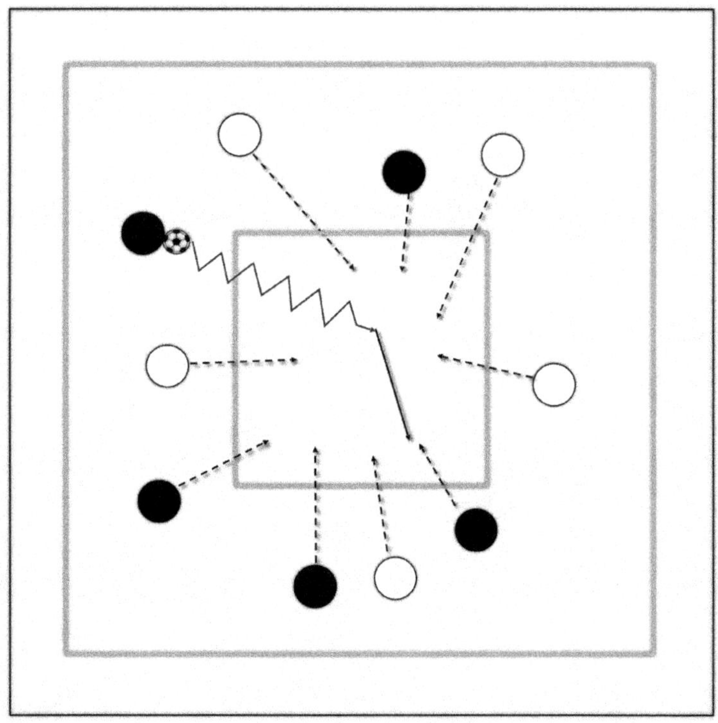

Tarea N° 19	**Objetivo Principal**	Mejora del concepto de atraer para pasar
	Jugadores	9 (4x4+C)

Explicación

Un equipo tiene el balón y provoca para que el rival entre a presionar al cuadrado. El equipo que está fuera se coordina para entrar a presionar y cuando lo hacen el equipo que tiene el balón pasa al comodín del otro cuadrado. Si entra un solo jugador dentro a presionar, podrán pasar el balón al otro cuadrado. Cuando reciba el comodín, les dejará allí el balón, se irá al otro cuadrado y de nuevo el otro equipo tendrá que entrar a presionar en el otro cuadrado y ellos pasar al comodín de nuevo. Si roban o interceptan el balón cambiarán los roles.

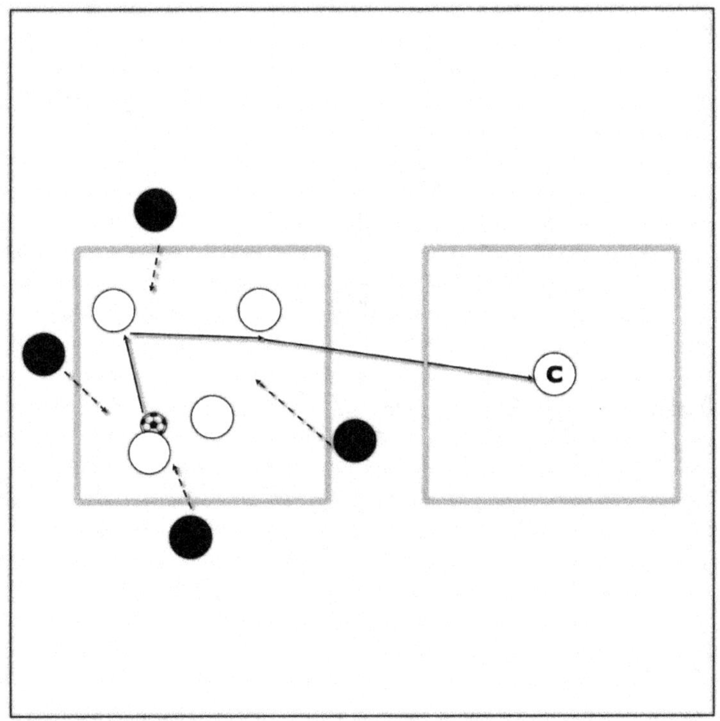

Tarea N° 20	Objetivo Principal	Mejora del concepto de atraer para pasar
	Jugadores	10 (5x4+1)

Explicación

Un equipo tiene el balón y provoca para que el rival entre a presionar al cuadrado. El equipo que está fuera se coordina para entrar a presionar y cuando lo hacen el equipo que tiene el balón pasará al jugador del otro cuadrado (si pasa un solo jugador dentro a presionar podrán pasar el balón al otro cuadrado). Cuando reciba el jugador libre en el otro cuadrado esperará que todos sus compañeros menos uno, que quedará donde empezaron para esperar el pase, vengan al cuadrado a mantener el balón. El otro equipo tendrá que entrar a presionar en el otro cuadrado y ellos encontrar al jugador libre. Si roban o interceptan el balón cambiarán los roles.

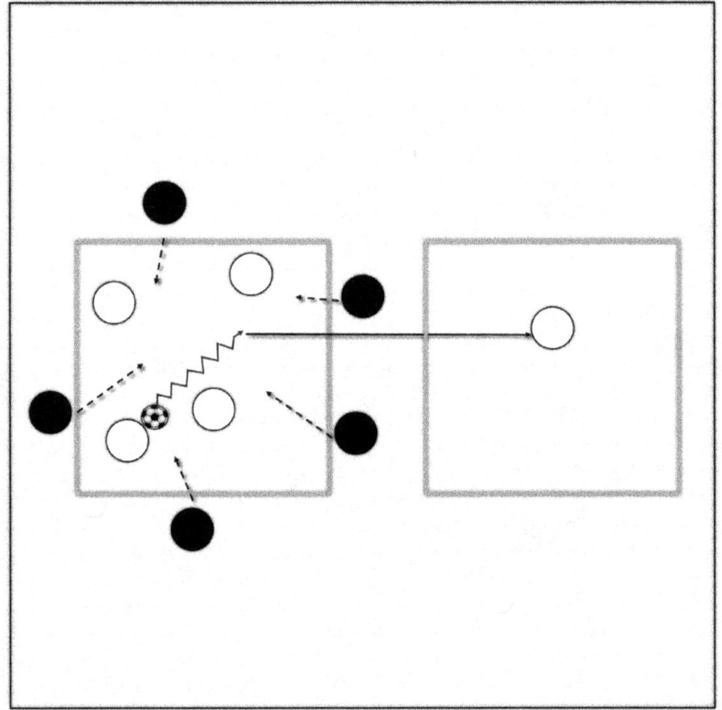

Tarea N° 21	Objetivo Principal	Mejora del concepto de atraer para pasar
	Jugadores	10 (4x4+C+C)

Explicación

En un rectángulo dividido en dos cuadrados, los jugadores se colocan en la disposición de la imagen. El equipo que tiene el balón (blanco) intenta mantener el balón en el cuadrado y cuando consideren, atraigan o se sientan presionados, para seguir manteniendo la posesión, podrán jugar con el comodín del otro cuadrado e irán a mantener la posesión en la otra mitad. Los comodines permanecerán a la espera en cada cuadrado a que jueguen con ellos. Si el equipo negro recupera cambiarán los roles.

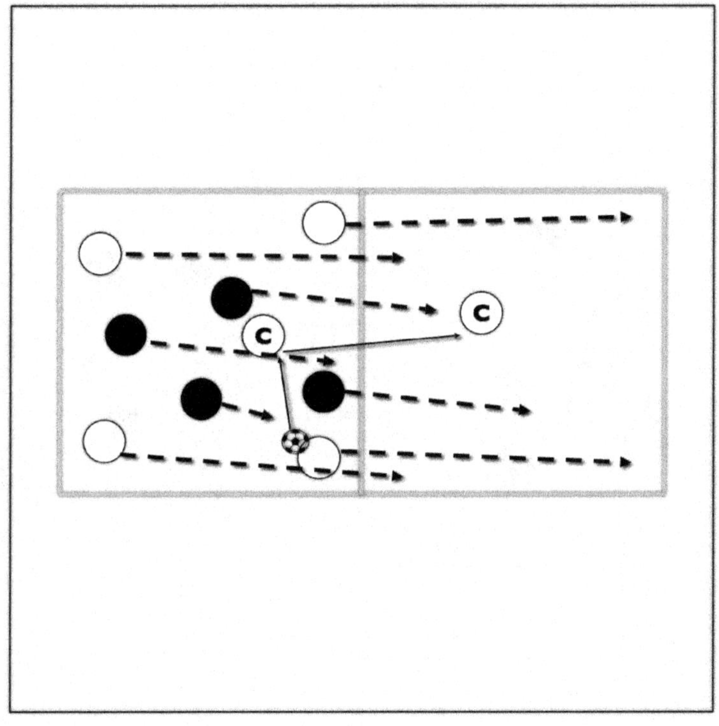

Tarea N° 22	Objetivo Principal	Mejora del concepto de atraer para pasar
	Jugadores	15 (8x7)

Explicación

En un rectángulo dividido en dos cuadrados, los jugadores se colocan en la disposición de la imagen. El equipo que tiene balón (blanco) intentará atraer a 4 jugadores (del equipo negro) a uno de los cuadrados para que intenten recuperar. Cuando lo consiguen pasan a la otra mitad y mantienen hasta que atraen a otro jugador para volver a pasar.

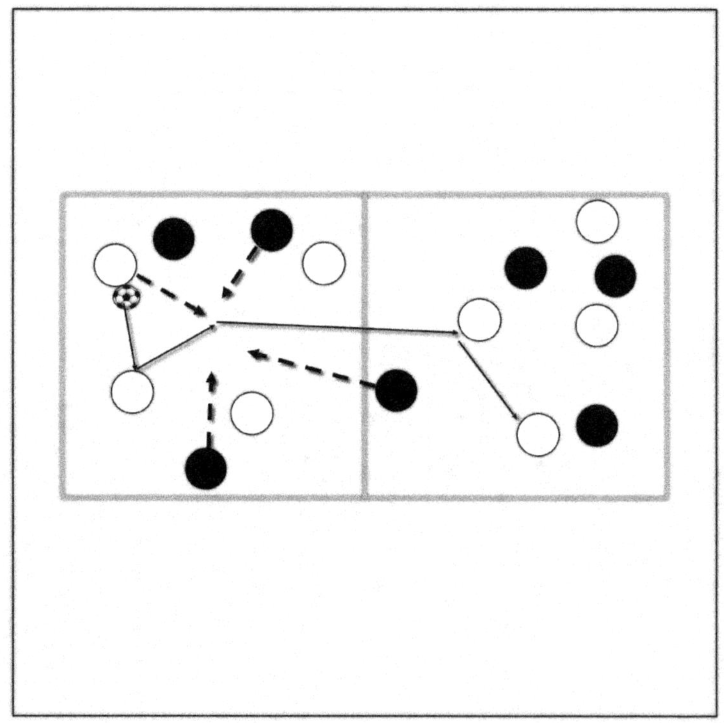

Tarea N° 23	Objetivo Principal	Mejora del concepto de atraer para pasar
	Jugadores	16 (6x6+4)

Explicación

En un rectángulo dividido en tres campos iguales, los equipos se colocarán en la disposición de la imagen. No pudiendo abandonar los jugadores con balón su zona, pudiendo cambiar el balón de una a otra para mantener la posesión cuando acumulen rivales en una de ellas. Los comodines participarán con el equipo poseedor del balón.

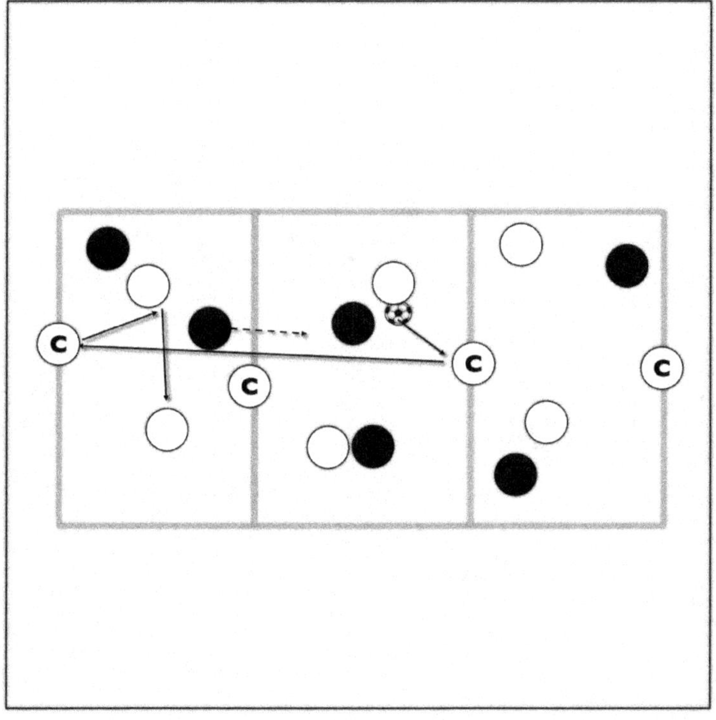

Tarea Nº 24	Objetivo Principal	Mejora del concepto de atraer para pasar
	Jugadores	7 (2+C+2x2)

Explicación

En un rectángulo dividido en dos cuadrados y los jugadores distribuidos como en la imagen. El comodín participará con el equipo situado en los laterales (blanco) e intentarán atraer al otro equipo a una mitad y cuando lo consigan el comodín intentará pasar a la otra mitad y volver a atraerlos. Si el equipo negro roba cambia el rol con los jugadores que estaban en la mitad donde robó.

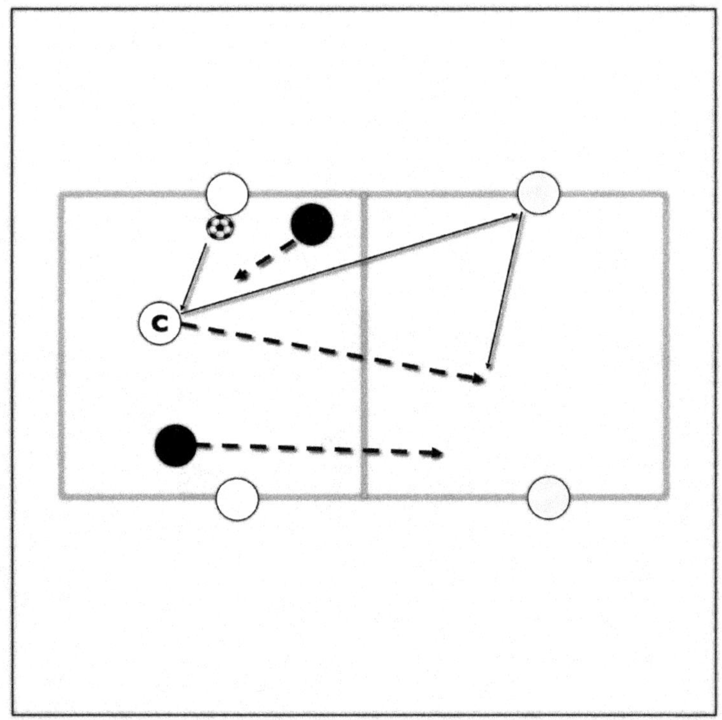

Tarea N° 25	Objetivo Principal	Mejora del concepto de atraer para pasar
	Jugadores	10 (3x3+C+3)

Explicación

En un rectángulo dividido como en la imagen, el comodín y los tres equipos se distribuyen como en la imagen. Se juega 4 contra 3 en un cuadrado, los jugadores que tienen balón (blanco) juegan con el comodín. Cuando el equipo negro entra en la última división los jugadores intentarán pasar al comodín para que este cambie el espacio donde se juega y volver a atraer al equipo que roba. Si consiguen robar, cambiarán los roles con el equipo que perdió.

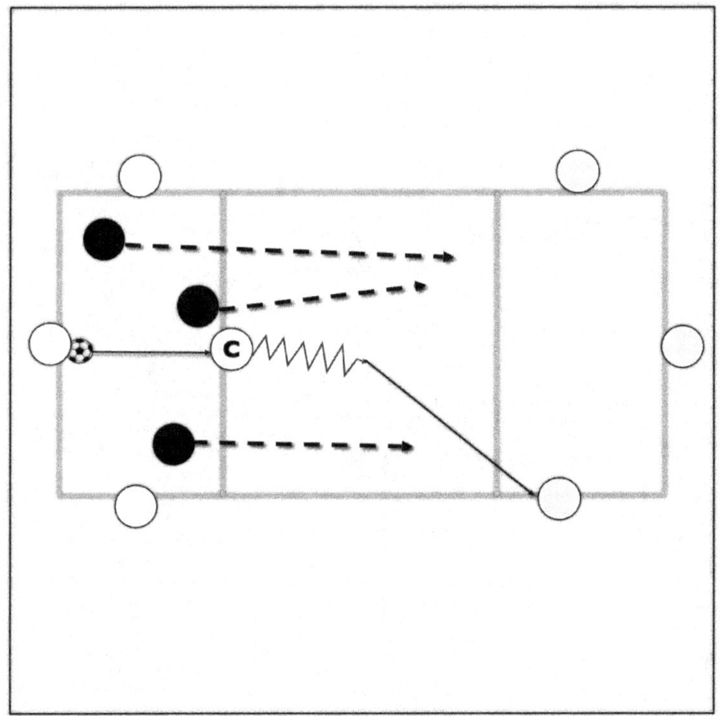

Tarea Nº 26	Objetivo Principal	Mejora del concepto de atraer para pasar
	Jugadores	15 (4+C+4x2+2+2)

Explicación

En un rectángulo dividido en dos cuadrados, con un pasillo central, el comodín se sitúa en el pasillo y los equipos se reparten 4 contra 2 en cada cuadrado, apoyados por el comodín cuando tienen la posesión de balón como en la imagen. Cuando los jugadores del equipo negro del pasillo entran a presionar en el cuadrado para recuperar, el equipo blanco podrá jugar con el comodín para que juegue con los compañeros del otro cuadrado. Cuando un equipo recupera cambian el rol con los jugadores del cuadrado que perdió.

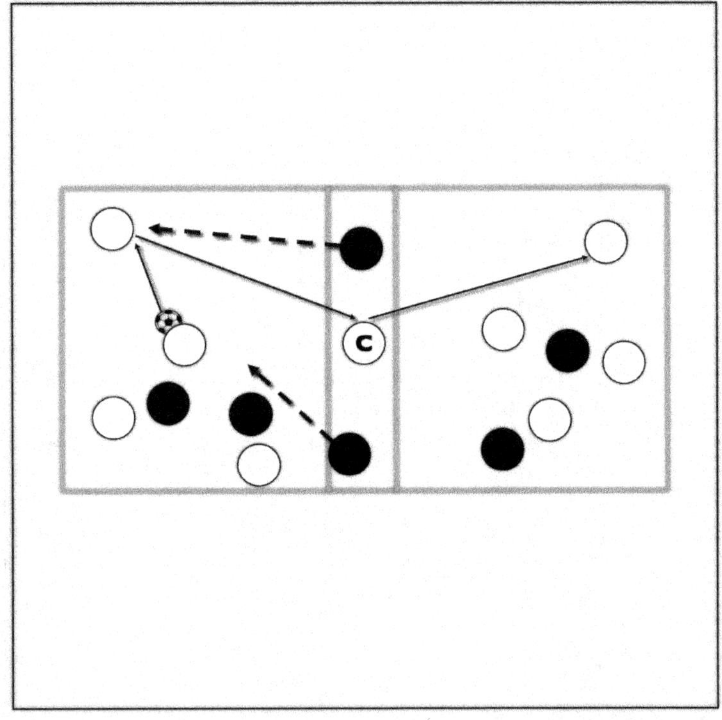

Tarea N° 27	Objetivo Principal	Mejora del concepto de atraer para pasar
	Jugadores	18

Explicación

En un rectángulo dividido en 8 partes iguales distribuidos los jugadores como en la imagen (2 en cada cuadrado, uno de cada equipo). Los comodines tendrán libertad de movimientos y participarán con el equipo poseedor del balón. En el equipo sin balón podrán salir los jugadores a presionar y abandonar su cuadrado para ayudar a un compañero que esté intentando recuperar en inferioridad numérica. El equipo poseedor, una vez que atraiga y libere a un compañero pasará para seguir manteniendo el balón. Si recuperan el balón cambian los roles.

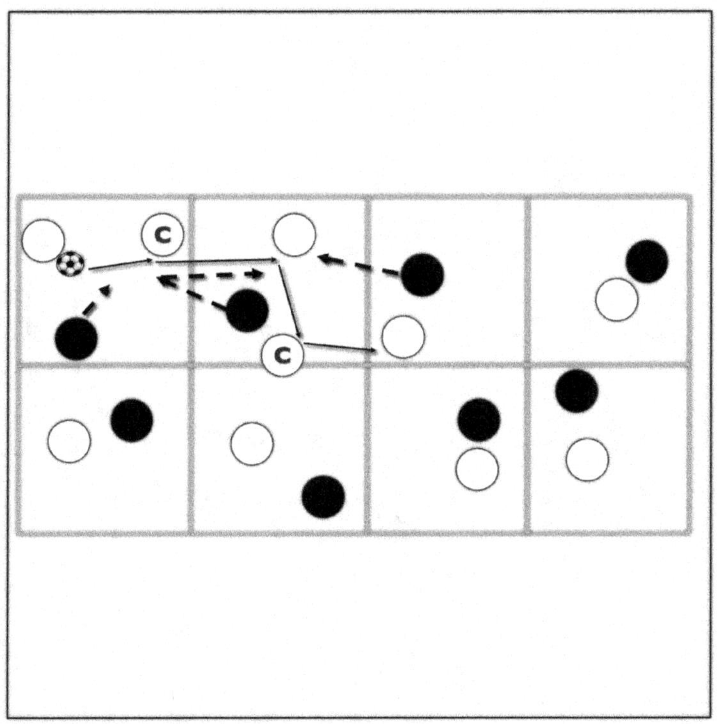

Tarea N° 28	Objetivo Principal	Mejora del concepto de atraer para pasar
	Jugadores	10 (P+4x4+C)

Explicación

En un rectángulo dividido en dos cuadrados, los jugadores se colocan en la disposición de la imagen. El equipo que tiene el balón (blanco) intenta atraer con el balón en el cuadrado alejado de la portería al otro equipo (negro). El equipo negro entrará a presionar y el equipo blanco intentará jugar con el comodín para lanzar a portería. Si recupera el equipo negro cambian los roles.

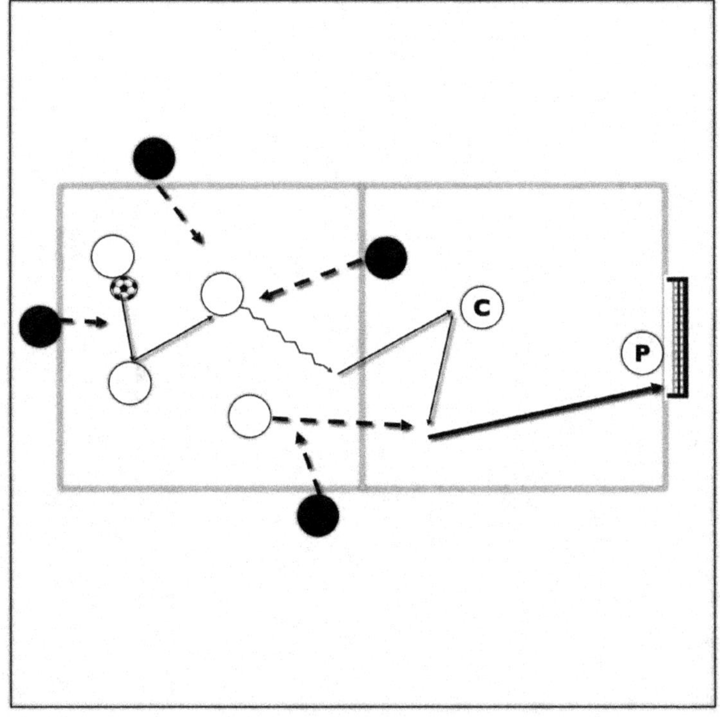

Tarea N° 29	Objetivo Principal	Mejora del concepto de atraer para pasar
	Jugadores	11 (1+4x3+2+P)

Explicación

En un rectángulo con un pasillo cercano a la portería, se colocan dos equipos como en la imagen. Un equipo mantendrá el balón e intentará atraer a alguno de los dos jugadores rivales del pasillo para pasar al jugador adelantado para que finalice y tirar a portería. Si un equipo recupera el balón cambian los roles.

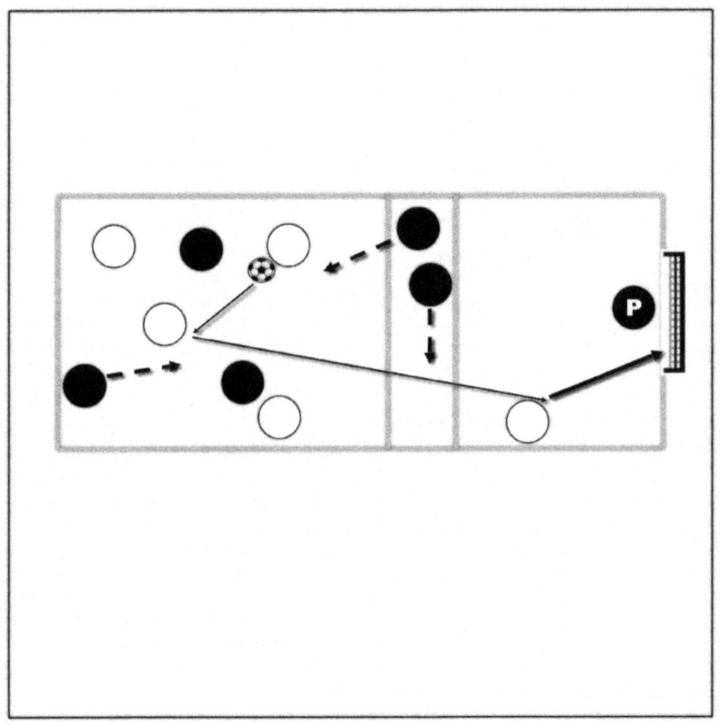

Tarea N° 30	Objetivo Principal	Mejora del concepto de atraer para atacar
	Jugadores	10 (P+4x4+C)

Explicación

En un rectángulo dividido en dos cuadrados, los jugadores se colocan en la disposición de la imagen. El equipo que tiene balón (blanco) intentará atraer a alguno de los jugadores del equipo negro sobre la línea para que vayan a presionar e intentar recuperar. Cuando vayan a presionar podrán pasar a los jugadores que se desmarquen hacia el otro campo para atacar. Si recuperan el balón cambiarán los roles.

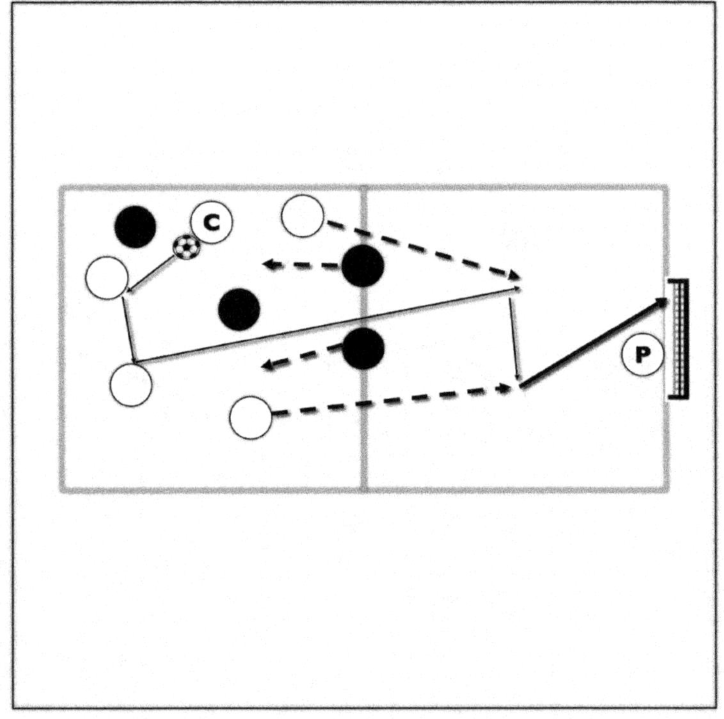

Tarea N° 31	Objetivo Principal	Mejora del concepto de atraer para pasar
	Jugadores	10 (P+4x4+C)

Explicación

En un rectángulo dividido en dos cuadrados, los jugadores se colocan en la disposición de la imagen. El equipo que no tiene el balón (negro) intentará presionar o anticipar al equipo blanco, que cuando atraiga dentro a algún jugador del equipo negro podrá pasar al comodín para atacar y hacer gol. Si recuperan el balón cambiarán los roles.

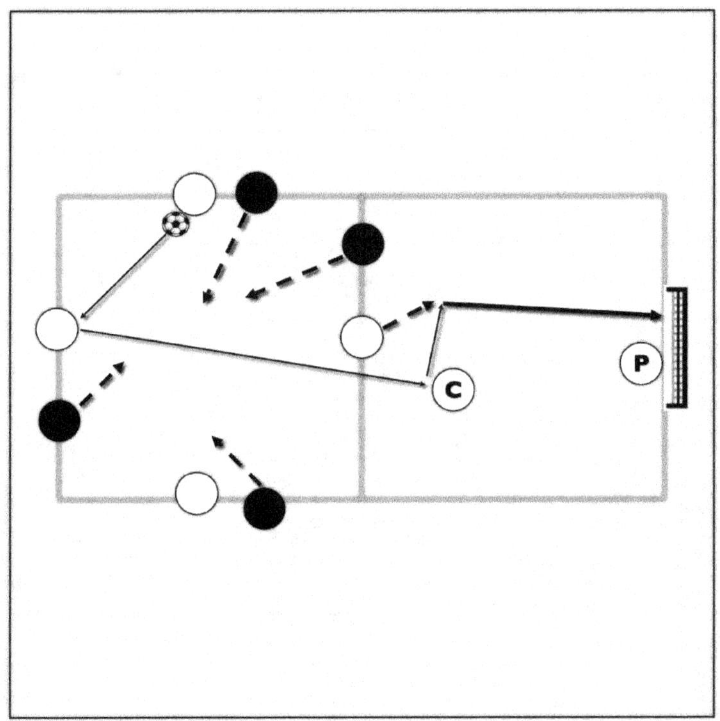

Tarea N° 32	Objetivo Principal	Mejora del concepto de atraer para pasar
	Jugadores	13 (3x3+2x4+P)

Explicación

Los jugadores se distribuyen como en la imagen. Juegan 3 jugadores (equipo negro) en un cuadrado provocando que entren a presionar los jugadores del otro equipo (blanco). Cuando entran a presionar, los jugadores del equipo negro pasan a uno de los dos jugadores que están fuera, salen para atacar y todo el equipo negro atacará la portería que defienden 4 jugadores blancos y el portero.

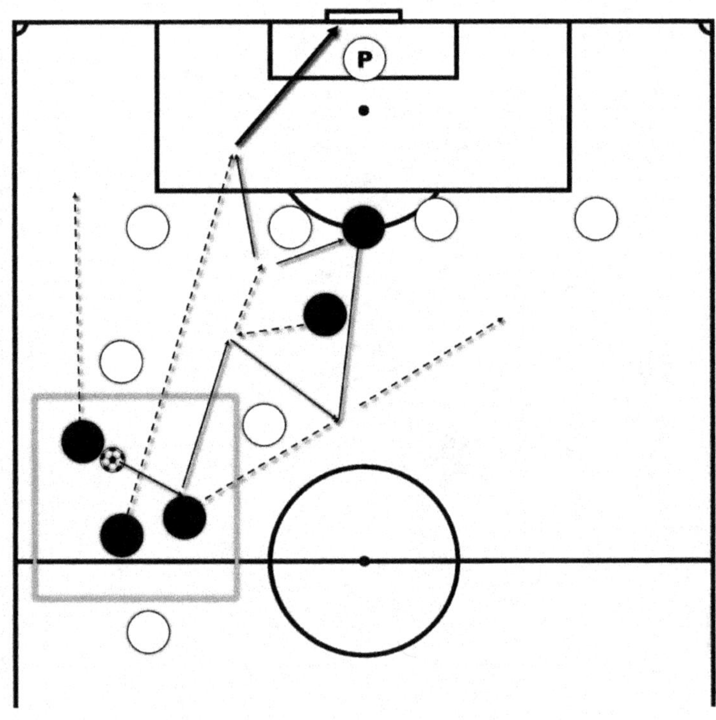

Tarea N° 33	Objetivo Principal	Mejora del concepto de atraer para pasar
	Jugadores	12

Explicación

En un rectángulo dividido en 8 partes iguales distribuidos los jugadores como en la imagen. Los equipos intentarán mover y atraer a la línea contraria para poder pasar al compañero adelantado para que finalice. Si recibe el jugador adelantado, podrán ir los defensores a presionar el tiro.

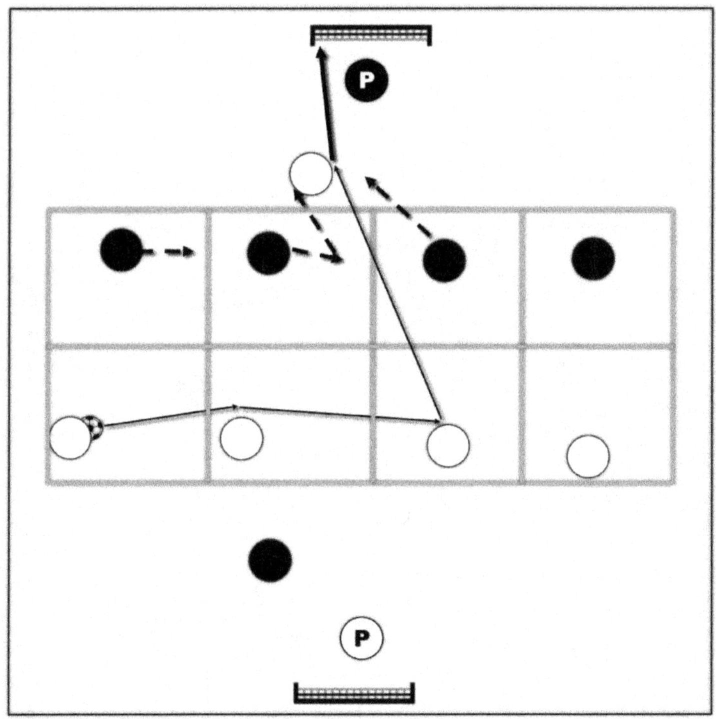

Tarea N° 34	Objetivo Principal	Mejora del concepto de atraer para pasar
	Jugadores	10 (P+4x4+P)

Explicación

En un rectángulo dividido en dos cuadrados, los jugadores se colocan en la disposición de la imagen. El equipo que no tiene el balón (blanco) coordinará para entrar en el cuadrado a presionar (3 jugadores). El otro equipo (negro) atraerá al rival y cuando entran a presionar los tres jugadores de equipo blanco jugará con el hombre libre para poder atacar la portería. Si roba el equipo negro intenta hacer gol y cambian los roles.

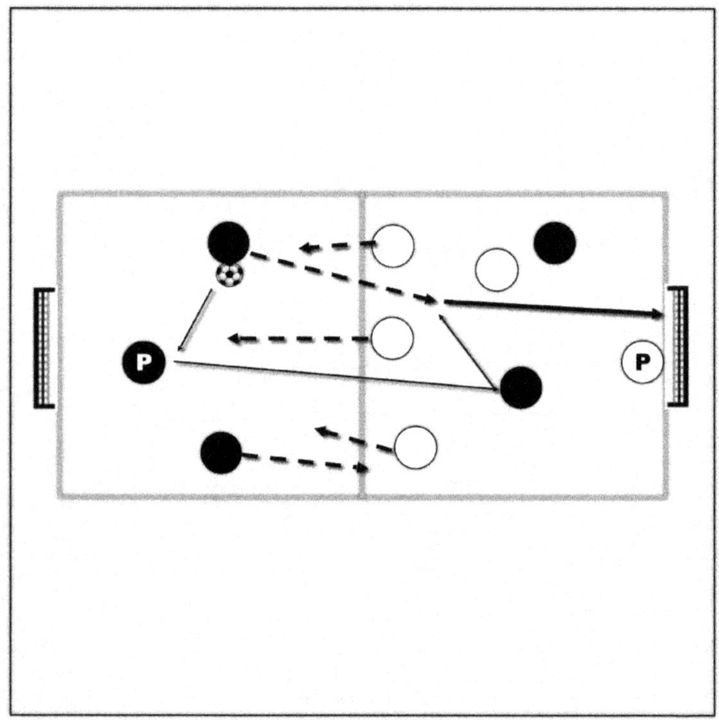

Tarea N° 35	Objetivo Principal	Mejora del concepto de atraer para pasar
	Jugadores	10 (P+1+3x3+1+P)

Explicación

En un rectángulo dividido en tres campos iguales, los jugadores se distribuirán 3 en la zona central y uno sobre la línea. Los jugadores sobre las líneas solo podrán interceptar pases en defensa y en ataque esperarán que sus compañeros atraigan a los rivales para recibir en profundidad y atacar la portería rival.

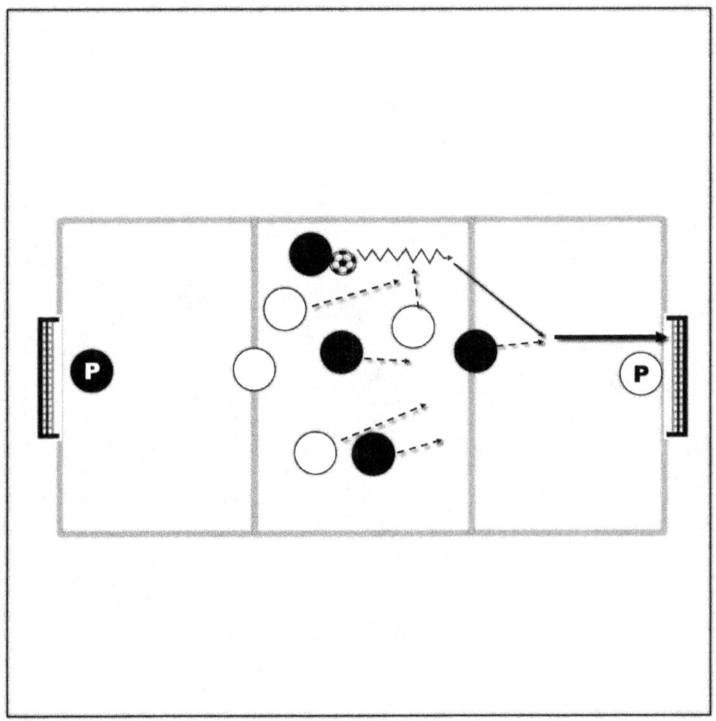

Tarea N° 36	Objetivo Principal	Mejora del concepto de atraer para pasar
	Jugadores	10

Explicación

En un rectángulo dividido en tres campos iguales y los jugadores distribuidos como en la imagen. Solo podrán cambiar de campo conduciendo el balón para provocar superioridad numérica, atraer contrarios, liberar compañeros y pasarles el balón cuando queden libres.

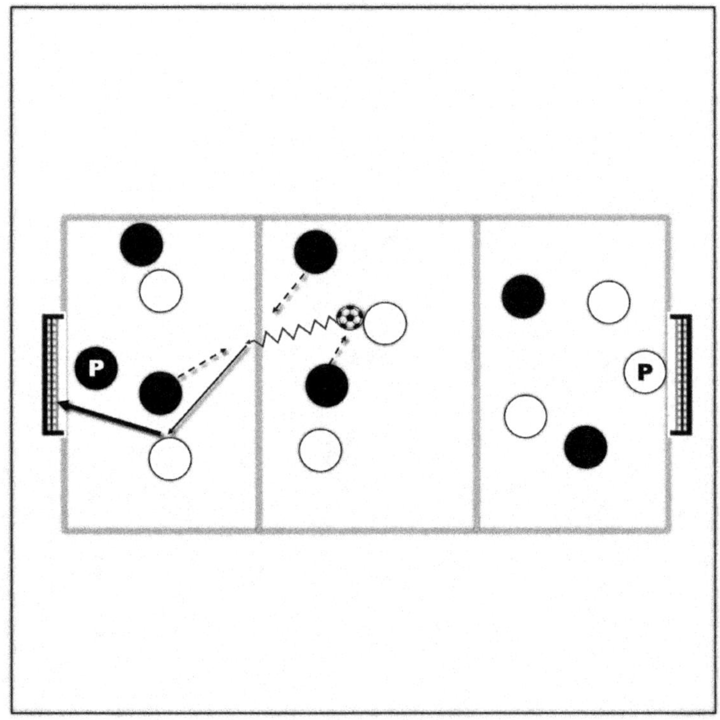

Tarea N° 37	Objetivo Principal	Mejora del concepto de atraer para pasar
	Jugadores	10

Explicación

Los jugadores distribuidos como en la imagen. Cada equipo cuando tenga el balón intentará entrar conduciendo en el pasillo cercano a su portería para atraer al rival y pasar al compañero más adelantado y finalizar. Solo los jugadores con balón podrán cambiar de espacio.

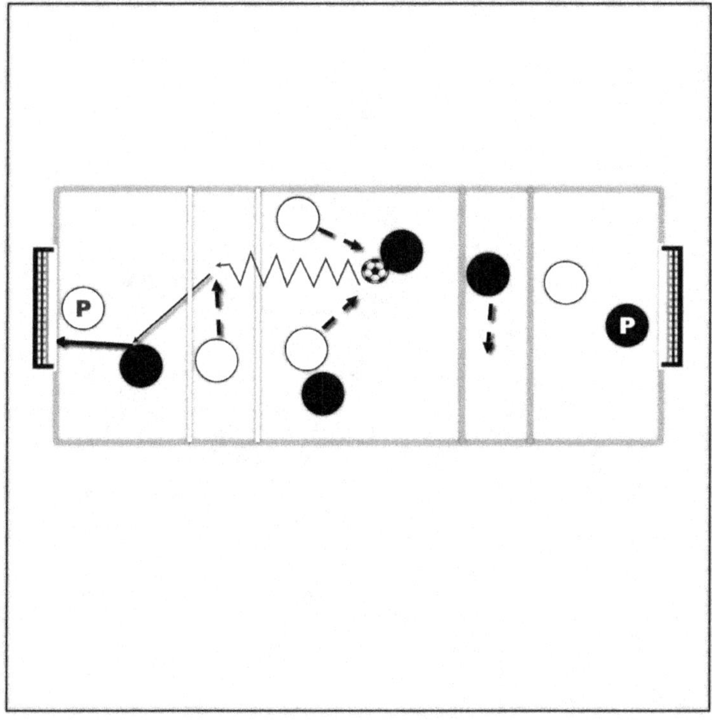

Tarea N° 38	Objetivo Principal	Mejora del concepto de atraer para pasar
	Jugadores	10 (1+P+3x4+P)

Explicación

En un cuadrado dividido en dos partes con dos porterías y porteros, dejando el equipo con balón solo un jugador en una mitad. Los equipos intentarán atraer a los rivales (que presionarán al balón) a una mitad de campo, pasarán al compañero libre y atacarán rápido hacia la portería cuando todos los rivales hayan pasado la mitad. Si un equipo recupera cambia el rol con el otro equipo.

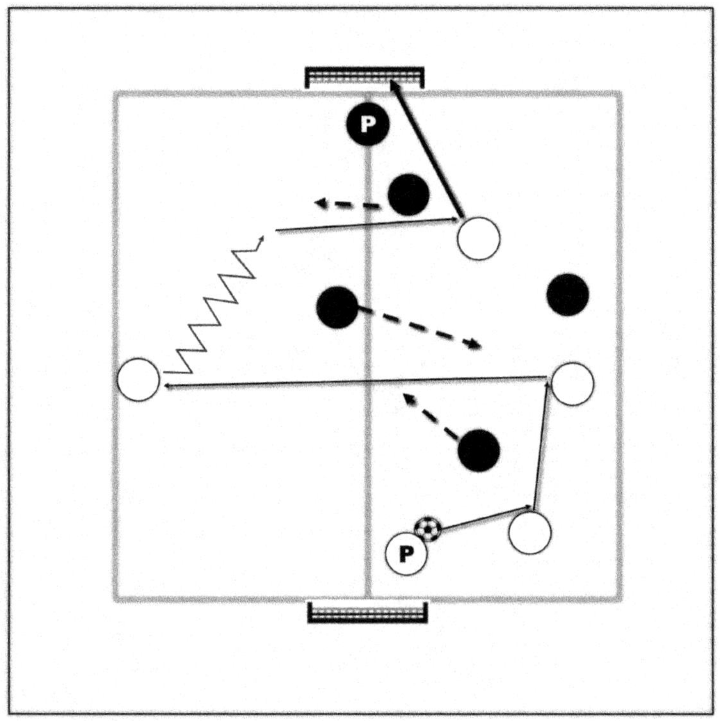

Tarea N° 39	Objetivo Principal	Mejora del concepto de atraer para pasar
	Jugadores	10 (P+4x4+P)

Explicación

En un cuadrado dividido en dos partes con dos porterías y porteros distribuidos como en la imagen. Los equipos intentarán mantener la posesión de balón en la mitad que no están sus porterías para atraer al rival. Cuando el equipo contrario está metido en la mitad pasan al portero como jugador libre y atacan la portería rival. Si el equipo contrario roba cambiaran los roles.

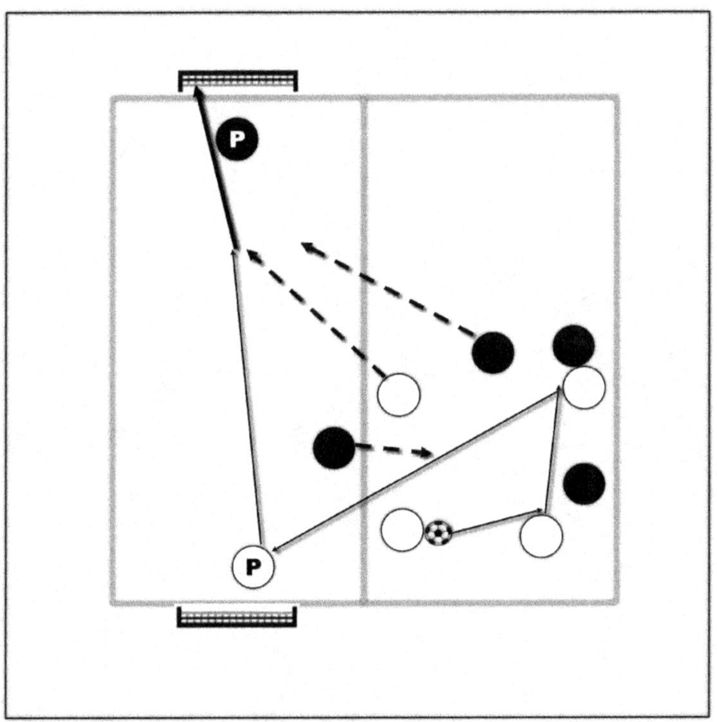

Tarea Nº 40	Objetivo Principal	Mejora del concepto atraer para pasar
	Jugadores	14 (P+6x6+P)
	Explicación	

En un rectángulo dividido en tres campos iguales, los equipos se colocarán en la disposición de la imagen. Los jugadores sólo pueden cambiar de campo para defender. Cada equipo intentará atraer jugadores de la zona cercana para pasar a los compañeros que vayan quedando libres mas adelantados y atacar la portería contraria. Cuando un equipo recupera cambian los roles.

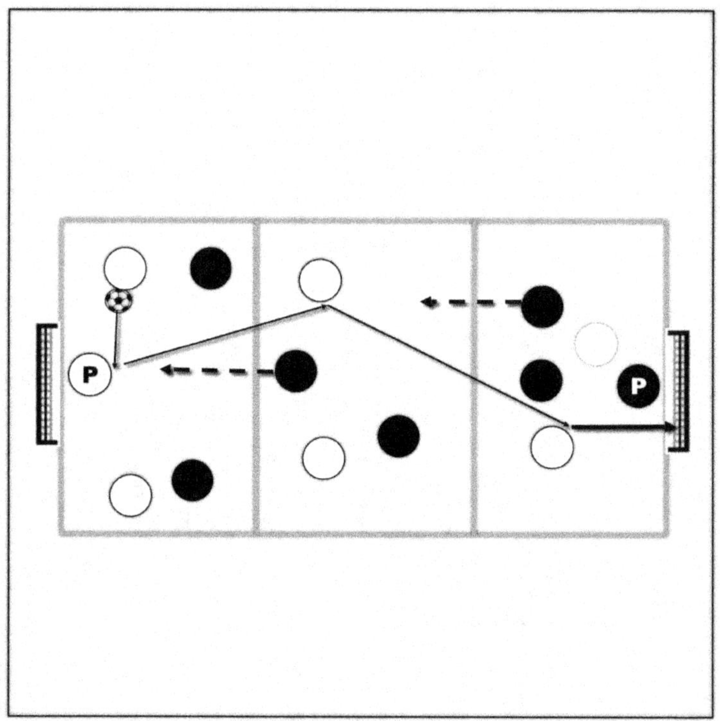

Tarea N° 41	Objetivo Principal	Mejora del concepto de atraer para pasar.
	Jugadores	8 (P+3x3+P)

Explicación

Los jugadores y el campo distribuidos como en la imagen. El equipo que defiende puede cambiar de zona y en el que tiene el balón solo lo podrá hacer el portero. Intentarán atraer a los rivales que siempre presionarán el balón y pasar al jugador libre de otra zona para hacer gol.

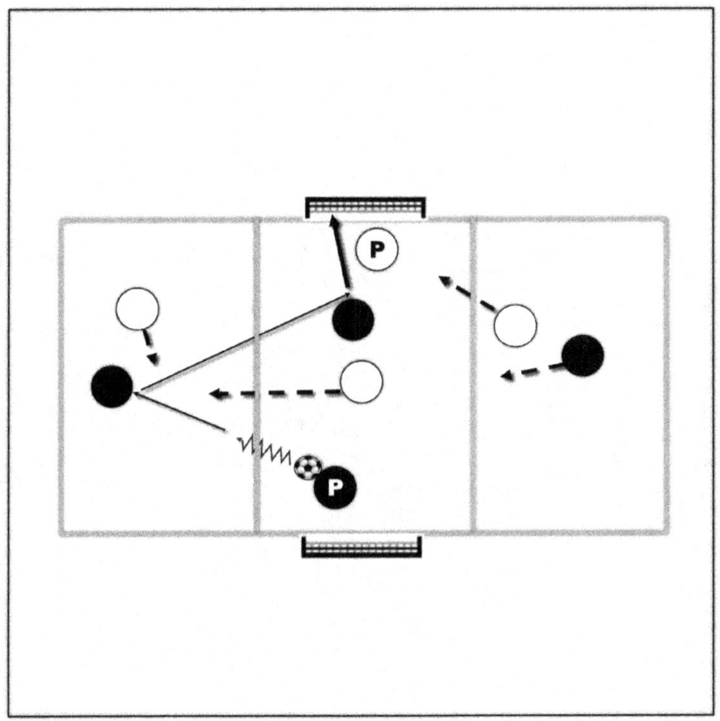

Tarea N° 42	Objetivo Principal	Mejora del concepto de atraer para pasar
	Jugadores	8 (P+3x3+P)

Explicación

Los jugadores y el campo distribuidos como en la imagen. El equipo que no tiene el balón puede cambiar de zona. El equipo que tiene balón Intentará atraer jugadores para dejar un hombre libre y jugar con él para hacer gol.

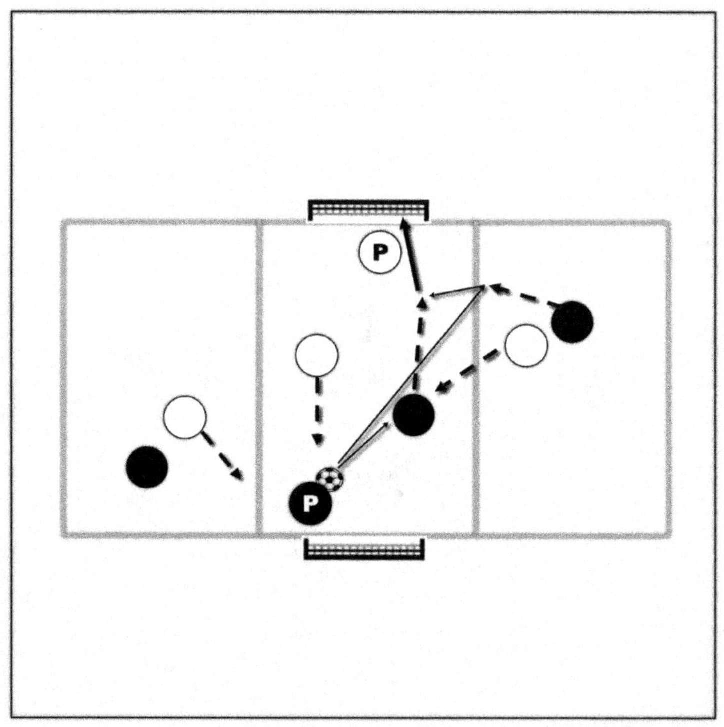

Tarea N° 43	Objetivo Principal	Mejora del concepto de atraer para pasar
	Jugadores	8 (P+3x3+P)

Explicación

Los jugadores y el campo distribuidos como en la imagen. El equipo que tiene el balón puede cambiar de zona. Intentarán provocar situaciones de superioridad para atraer rivales, dejar un hombre libre y jugar con él para hacer gol.

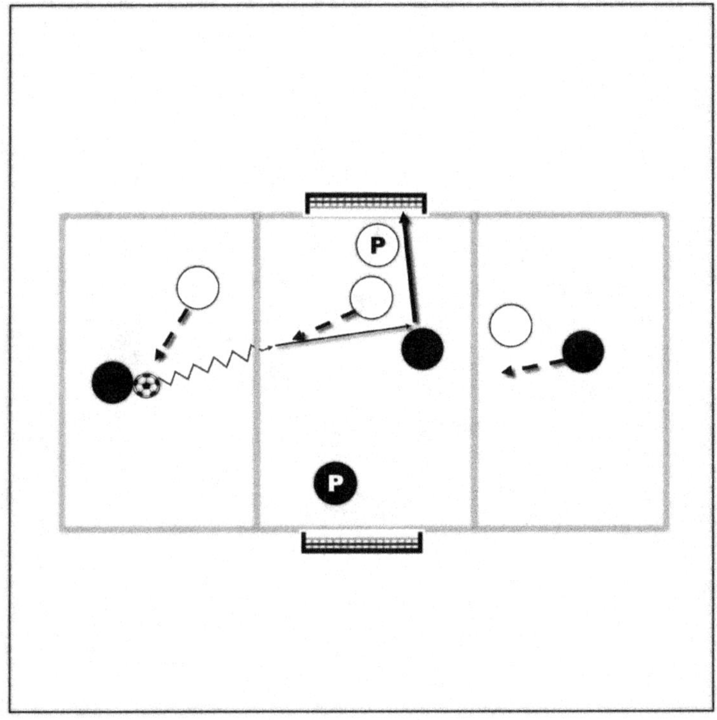

Tarea N° 44	Objetivo Principal	Mejora del concepto de atraer para pasar
	Jugadores	8 (P+3x3+P)

Explicación

Los jugadores distribuidos como en la imagen, el portero tendrá que provocar a los rivales acercándose a la portería contraria y generar situaciones de 2 contra uno o atraer a los jugadores del equipo contrario para pasar al jugador que quede libre para avanzar y hacer gol. Si el rival roba intenta hacer gol y cambian los roles.

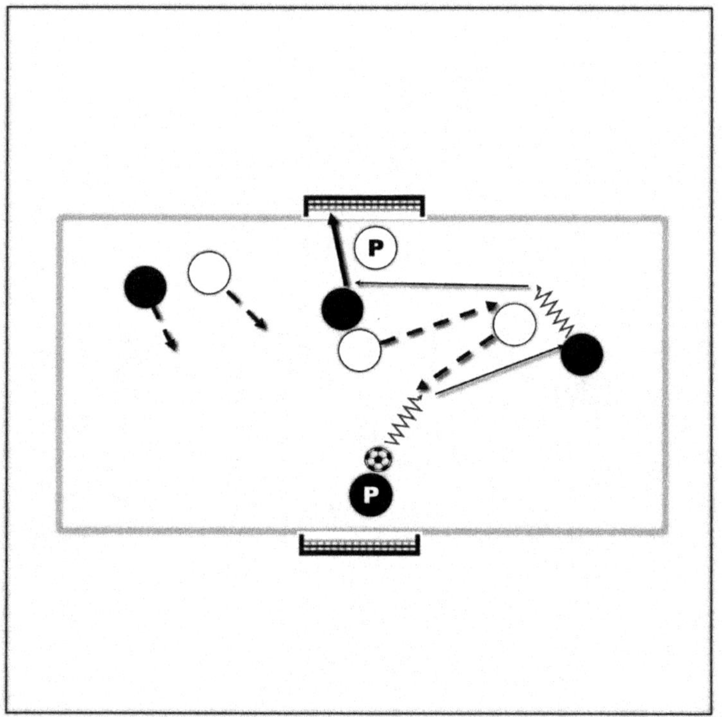

Tarea N° 45	Objetivo Principal	Mejora del concepto de atraer para pasar
	Jugadores	18 (P+8x8+P)

Explicación

Los jugadores se distribuyen como en la imagen. Los jugadores de cada zona decidirán para ir a presionar cuando esté el balón en la siguiente zona. Los jugadores con balón atraerán a los del otro equipo para pasar a los más adelantados y poder atacar la portería. Cuando un equipo recupere atacará hacia la otra portería atrayendo rivales de igual manera.

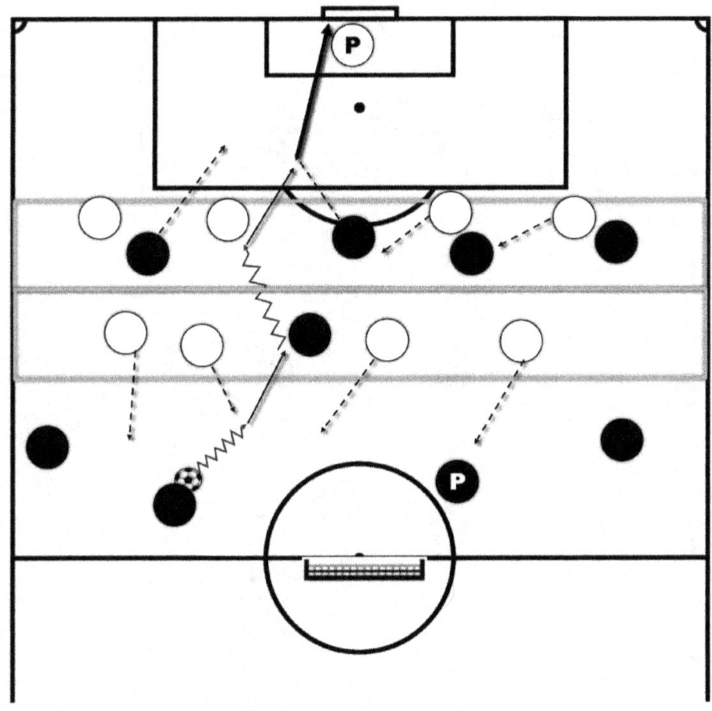

Tarea N° 46	Objetivo Principal	Mejora del concepto atraer para pasar
	Jugadores	14 (P+2+4x4+2+P)

Explicación

Los jugadores se distribuyen como en la imagen. Jugarán 2 contra 2 en el centro teniendo de apoyos con el balón a los jugadores sobre las líneas y sin balón estos podrán abandonarlas para presionar o interceptar, cuando lo hagan el equipo poseedor podrá jugar con los jugadores más adelantados para finalizar la jugada con la presión del jugador que quede sobre la línea (si queda alguno).

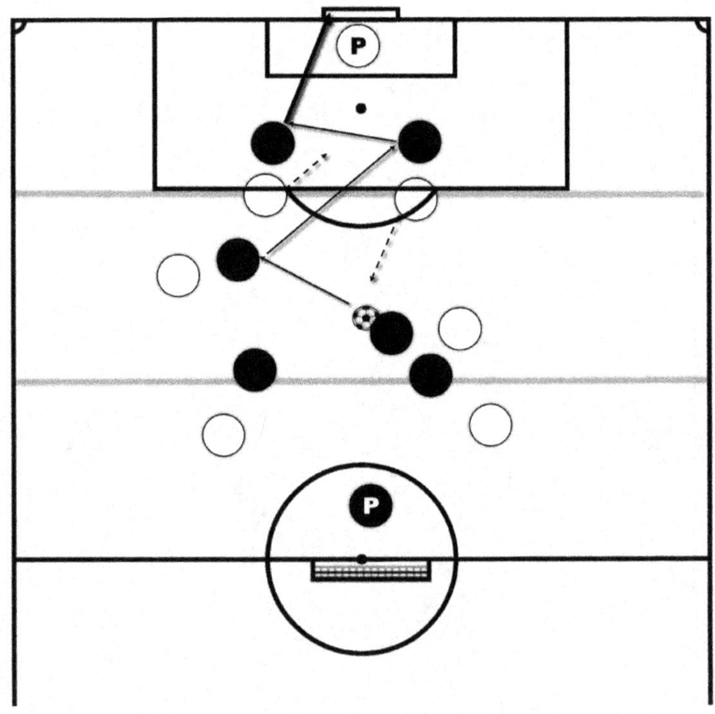

Tarea N° 47	Objetivo Principal	Mejora del concepto de atraer para pasar
	Jugadores	22

Explicación

El equipo que defiende colocará sus jugadores sobre las líneas para interceptar o ir a presionar y el que tiene el balón dentro de las zonas atraerá a los de las líneas para ir avanzando y atacar la portería. La línea más cercana a la portería podrá retroceder si se ve sobrepasada por el rival. En el equipo que ataca pueden cambiar de zona sus jugadores. Si pierden el balón cambiarán los roles.

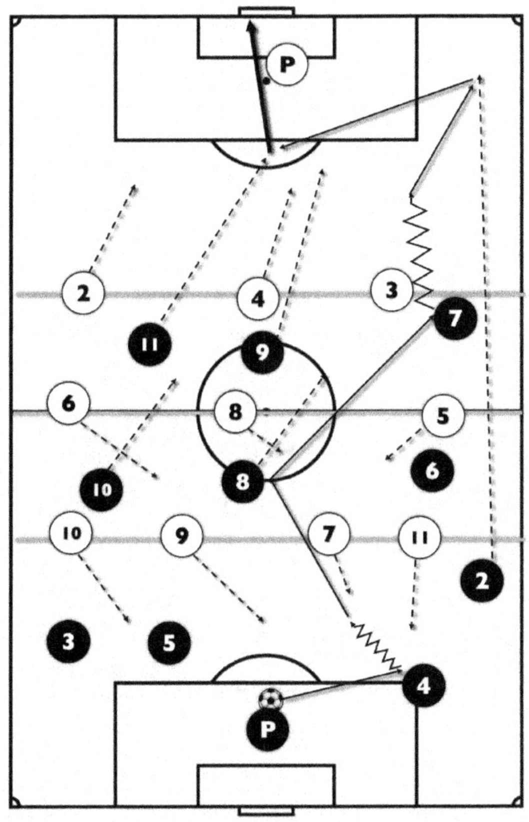

Tarea N° 48	Objetivo Principal	Mejora del concepto de atarer para pasar
	Jugadores	22

Explicación

Partido con el campo dividido como en la imagen y los jugadores igualmente distribuidos. El equipo que inicia el juego atraerá rivales a la zona en la que esté el balón para pasar a los más adelantados (los jugadores del equipo sin balón no podrán volver a las zonas una vez que las abandonen y llegue allí el balón). Cuando el balón llegue a la última zona todos los de la anterior podrán incorporarse al ataque para provocar situaciones de superioridad.

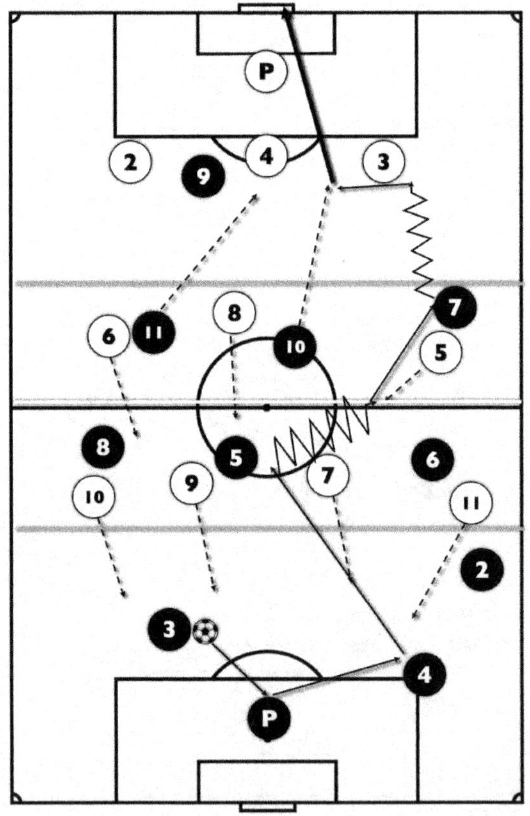

Tarea N° 49	Objetivo Principal	Mejora del concepto de atraer para pasar
	Jugadores	22

Explicación

Los equipos distribuidos como en la imagen. Los jugadores sólo podrán abandonar su zona para defender o atacar una zona alejada de su portería. El equipo poseedor provocará para que salgan a presionar y avanzará jugando con los jugadores más adelantados.

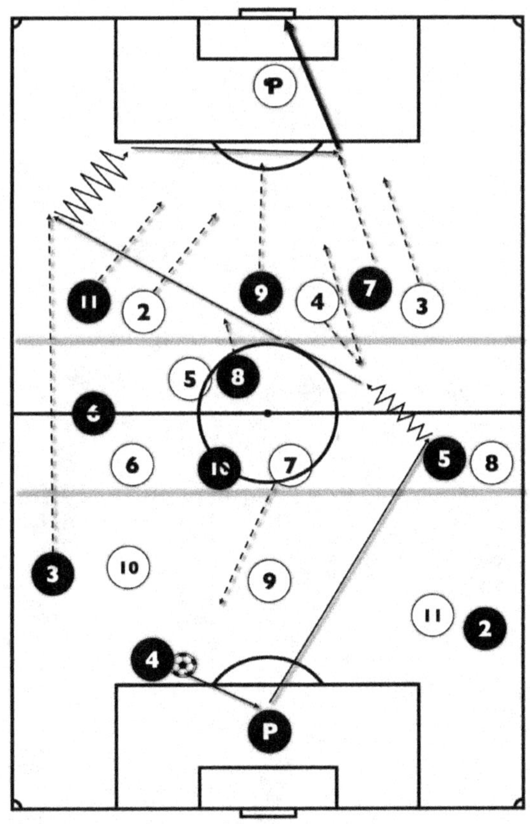

Tarea Nº 50	Objetivo Principal	Mejora del concepto de atraer para pasar
	Jugadores	22

Explicación

Partido con el campo dividido en 5 zonas en las que los jugadores solo puede cambiar de zona cuando su equipo tiene el balón. Los jugadores con balón in tentarán pasar de zona buscando superioridad numérica, atrayendo rivales y pasando a los jugadores que queden libres. En las zonas donde están las porterías podrán entrar todos los jugadores del equipo que defiende cuando lo haga llegar allí el balón el equipo que ataca.

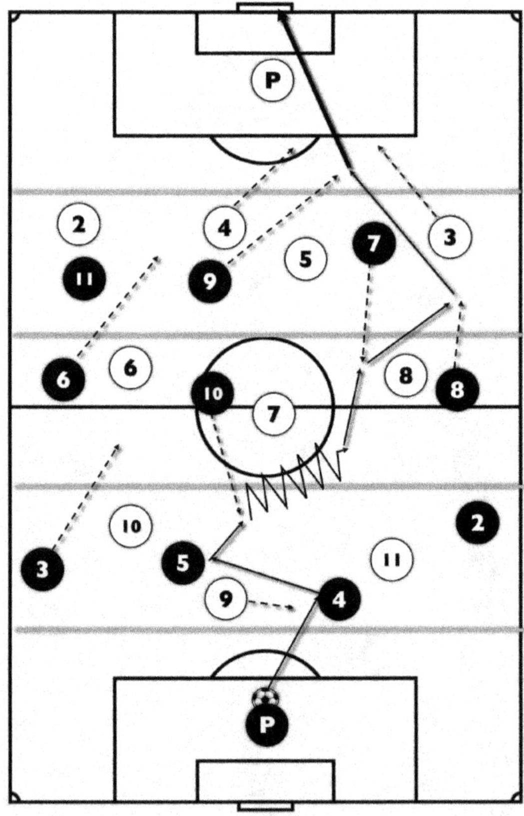

BIBLIOGRAFÍA

- Tamarit, X. (2007): *¿Qué es la periodización Táctica?* Editorial M.C. Sports.
- Castellano, J y Casamichana, D. (2016): *El arte de planificar en fútbol.* Editorial Fútbol de Libro.
- Portugal, M. A. (2018): *El entrenamiento en Fútbol. Rondos y mantenimientos.* Editorial Lisma.
- Juan Sánchez, D. (2016): *La Periodización Táctica en Fútbol Base y Aficionado: Aplicación práctica para categoría infantil, cadete, juvenil o aficionado.* Autoedición.
- Conde, M. (2000): *Contraataque.* Instituto Monsa de Ediciones.
- Couto, A. (2015): *Las grandes escuelas del Fútbol Moderno.* Editorial Fútbol de libro.
- Bangsbo, J. y Peitersen, B. (2002): *Fútbol: Jugar en defensa.* Editorial Paidotribo. Barcelona.
- Castellano, Julen y Casamichana, David (2016): *El arte de planificar en fútbol,* Editorial Futbol de libro.
- Castellano, Julen; Casamichana, David y San Román, Jaime (2015): *Los juegos reducidos en el entrenamiento del fútbol.* Editorial Futbol de libro.
- Cano Moreno, Óscar (2010): *Fútbol: Entrenamiento global basado en la interpretación del juego.* Editorial Wanceulen.
- López López, Javier (2009): *Fundamentos tácticos ofensivos.* Editorial Wanceulen.
- López López, Javier (2009): *Fundamentos tácticos defensivos.* Editorial Wanceulen.
- López López, Javier (2009): *500 juegos para el entrenamiento físico con balón.* Editorial Wanceulen.
- López López, Javier (2009): *400 tareas integradas para el entrenamiento de la táctica ofensiva.* Editorial Wanceulen.
- López López, Javier; Wanceulen Moreno, Antonio; Wanceulen Moreno, José F. y Bernal Ruiz, Javier (2009): *225 juegos para el entrenamiento integrado del pase en el fútbol.* Editorial Wanceulen.

- González, Alberto (2013): *Fútbol. Dinámica del juego desde la perspectiva de las transiciones.* Editorial Learning 11.

- Fradua, Luis (1997): *La visión periférica del futbolista.* Editorial Paidotribo.

- Mayer, R. (1996): *Fichas de fútbol. 120 juegos de ataque y defensa.* Hispano Europea. Barcelona.

- Garganta, J. y Pinto, J. en Graça, A. y Oliveira, J. (1997): *La enseñanza de los juegos Deportivos.* Editorial Paidotribo.

- Castelo, J. (1999): *Futbol. Estructura y dinámica del juego.* Editorial INDE. Barcelona.

- Caneda, R. (1999): *La zona en Fútbol.* Editorial Wanceulen. Sevilla.

- Seirul´lo, F. (1999): *Criterios modernos del entrenamiento en el fútbol.* Revista Training Fútbol. Valladolid.

- García Ocaña, Francisco (2008): *Fútbol y Fútbol sala: 250 actividades sociomotrices.* Editorial Paidotribo. Barcelona.

- López López, Javier (2013): *Fútbol: Senior (2013): 175 fichas de sesiones de entrenamiento.* Editorial Wanceulen. Sevilla.

- López López, Javier (2013): *Fútbol: Juveniles: 160 fichas de sesiones de entrenamiento.* Editorial Wanceulen. Sevilla.

- López López, Javier (2009): Fútbol: *1380 Juegos globales para el aprendizaje y perfeccionamiento de la técnica ofensiva y defensiva.* Editorial Wanceulen. Sevilla.

- López López, Javier (2008): *Fútbol: Cadetes: 160 fichas de sesiones de entrenamiento.* Editorial Wanceulen. Sevilla.

- López López, Javier (2013): *Fútbol: Infantiles: 120 fichas de sesiones de entrenamiento.* Editorial Wanceulen. Sevilla.

- López López, Javier (2008): *Fútbol: Alevines: 120 fichas de sesiones de entrenamiento.* Editorial Wanceulen. Sevilla.

- López López, Javier (2013): *Fútbol: Benjamines: 80 fichas de sesiones de entrenamiento.* Editorial Wanceulen. Sevilla.

- López López, Javier (2009): *Fútbol: Prebenjamines: 80 fichas de sesiones de entrenamiento.* Editorial Wanceulen. Sevilla.